EMPIRE STYLE
DESIGNS AND ORNAMENTS

Joseph Beunat

EMPIRE STYLE DESIGNS AND ORNAMENTS

A REPRINT OF

Recueil des dessins d'ornements d'architecture

c. 1813

WITH A NEW INTRODUCTION BY DAVID IRWIN

HEAD, DEPARTMENT OF HISTORY OF ART,
UNIVERSITY OF ABERDEEN, SCOTLAND

DOVER PUBLICATIONS, INC., NEW YORK

Published in Canada by General Publishing Company, Ltd.,
30 Lesmill Road, Don Mills, Toronto, Ontario.
Published in the United Kingdom by Constable and Company, Ltd.

This Dover edition, first published in 1974, is an unabridged
and unaltered republication of the *Recueil des dessins d'ornements
d'architecture de la manufacture de Joseph Beunat*, a series of plates
originally published by Beunat in Sarrebourg and Paris *c.* 1813
(several plates are so dated).
A new Introduction has been written specially for the present
edition by David Irwin. The translation of the original preface
and title and of the various remarks engraved on the plates has
been prepared for this edition.

DOVER *Pictorial Archive* SERIES

International Standard Book Number: 0-486-22984-X
Library of Congress Catalog Card Number: 73-91877

Manufactured in the United States of America
Dover Publications, Inc.
31 East 2nd Street
Mineola, N.Y. 11501

INTRODUCTION

TO THE DOVER EDITION

The Revolutionary and Napoleonic periods in France, from about 1790 to shortly after Napoleon's final defeat, saw the peak of French Neoclassical design. Interiors still survive to this day, often with their original furnishings, representing expensive patronage of fashionable taste by Napoleon and members of his family, as well as other French leaders, both in France and countries they conquered. There are magnificent interiors, for example, at Malmaison and in parts of Fontainebleau in France, and at Aranjuez in Spain. The Empire Style (equivalent to the Federal in the United States and the Regency in Britain) spread rapidly from court circles through other strata of society. The motifs of the style were ideally adaptable both to courtly pomp and boudoir prettiness. If the French patron was wealthy, his interiors and furnishings would be specially designed for him by leading Neoclassical architects such as Percier and Fontaine, and outstanding cabinetmakers such as Jacob-Desmalter. If on the other hand the patron's purse was not so long he could turn to lesser men, and increasingly to catalogues. Catalogues—of which Beunat's is an important French example—played a major part in the dissemination of the Neoclassical style, together with pattern-books.

Nothing is known about Joseph Beunat except that he had business premises in both Paris and Sarrebourg (about 35 miles northwest of Strasbourg). His catalogues, first issued in about 1813, show an increasingly ambitious, all-embracing list of items available for purchase ranging from small moldings, to friezes and panels, to doorways and even entire rooms. Each item is numbered, and the height and width of each clearly given.[1] Beunat's ornaments were made in a

[1] The measurements are given in *pouces* and *lignes*. A *pouce* (abbreviated P.) was equal to 1.066 inches and a *ligne* (L.) was 1/12 of a *pouce*. A scale is supplied on the original title page (Plate 1).

kind of plaster, and would have been delivered uncolored. Coloring and gilding would have been carried out once the moldings were in position according to the customer's own requirements, presumably by his own decorator as Beunat did not offer this service. The classical source material he has used is a typical blend of architecture, sculpture and painting made familiar through the many archaeological publications of the eighteenth century.

By the end of that century so much visual evidence in the form of engravings was available, mostly published in Britain, France and Italy, that designers throughout Europe had no difficulty in finding a source for any motif they required. Architects, painters and sculptors continually turned to archaeological folios, as did designers in factories. Some factories are known to have kept libraries of such material, so that their designers could consult them—as at Wedgwood's factory in the English Midlands, the Sèvres factory near Paris, the porcelain factory in Vienna, and elsewhere. There is therefore nothing unusual in the knowledge of classical antiquity seen in Beunat's plates. Prospective buyers would find in his catalogue simple arrangements of acanthus leaves, honeysuckle and acorns. They could buy a good range of capitals and entablatures, incorporating profile heads, urns, cornucopias, swans and griffons. They could select from an assortment of winged Victories, Graces, Centaurs and Sphinxes, which they could combine with trailing foliage into innumerable permutations for wall decoration or door-frame panels. A buyer need not employ a carver to produce an Apollo driving his chariot, a Cupid riding a lion, or a scene of Europa and the Bull; they are all here, ready-made. The earlier eighteenth-century discoveries at Herculaneum, which had such an enormous influence on Neoclassicism, are reflected in Beunat's catalogue too. The well-known wall painting from there of the *Seller of Cupids*, which the French painter Vien had used as the basis for his painting of the same subject only a year after the engraving of it had been published, is used by Beunat on a much smaller scale as a lintel panel of one of his elaborate doorways (Plate 65; see also Plate 55). The subject matter was irrelevant. Although some Neoclassical interiors do possess a consistent iconography, the general tendency was to plunder antiquity for attractive motifs regardless of their meaning. There can be no iconographic significance in the decoration of a dinner-table tureen, for instance, with some of the more bloodcurdling of Ovid's metamorphoses, as the Doccia factory in Florence did in the 1780's.

Successive editions of Beunat's catalogue gradually increased the number of plates as well as the quality of engraving. From the earliest edition, in which many examples were squeezed onto practically each plate, to the edition reprinted here, one can trace the growth of a prosperous business.[2] The edition of Beunat's catalogue reproduced here contains just over double the number of plates of the earliest edition. He seems to have become increasingly ambitious, adding more complete sets of room decor. Today's mail-order catalogue has early nineteenth-century roots! The rapid dissemination and acceptance of the Neoclassical style amongst all classes of society (except, for obvious social reasons, the very bottom classes) opened up a market for the ready-made object in the fashionable style representing good taste. Beunat was not alone. In England, for example, in the same period, the manufacturing of artificial stone ornaments, figures and architectural details produced a very flourishing business at the Coade factory in London. So successful was the firm that a gallery at the premises had to be opened showing the range of products, and an illustrated catalogue was issued. In the English Midlands, earlier, Wedgwood had manufactured terracotta roundels of classical motifs (derived from Herculaneum) as suitable decorations in halls and on stairways. But although a few were made, they had not developed into a commercially viable proposition. The same happened to Wedgwood's larger jasperware plaques produced with the specific intention of incorporation into fireplaces. Not only were they costly, but architects seem to have naturally preferred to use their own designs and not Wedgwood's predetermined range, even if it did include attractive plaques by Flaxman. Very few fireplaces incorporating Wedgwood's plaques were made.

Beunat's catalogues, the output of the Coade factory and Wedgwood's experience present a conflicting picture of Neoclassical decor. Some, but not necessarily all, Neoclassical architects preferred as far as possible not to use mass-produced or predetermined items. This is understandable, even in the very different climate of designing today. For a similar reason there is evidence to show that Neoclassical architects were reluctant to use the growing availability of wallpaper. Mass-produced decor was therefore by no means a field without commercial risk and failure. Beunat's catalogue should therefore be seen as representative of a middle-class market, where the client is fashion-conscious but his expenditure on decoration is perforce modest. Indeed, Beunat claimed that by his method a whole apartment could be decorated in seven or eight days.

Beunat says in his brief preface[3] that he has been helped in producing his designs by leading architects of the day. Rather tantalizingly he does not give us their names, but they are quite likely to have been Percier and Fontaine. Their skill, together with important, and thus influential, commissions rapidly led to their prominent role in Napoleonic architecture and decoration. In 1799 they had been commissioned by Napoleon to enlarge and decorate Malmaison; Josephine was to continue living there after her separation. Other important commissions followed. Familiarity with the style of Percier and Fontaine was greatly helped by their publication of *Recueil de décorations intérieures* in 1801, enlarged in 1812, containing a magnificent range of ornate Neoclassical interiors and objects, whose surfaces are delicately and elaborately covered with arrangements of geometric patterns, foliage, animals and mythological scenes. Their version of Neoclassical design is intricate and delicate, in the low relief normally associated with the style. Lightly colored and gilded, their interiors are ravishing. When commissioned to produce a room with platinum inlay at Aranjuez, the result is spectacular. At a humbler end of the Neoclassical market, Beunat's catalogue reflects a successful adaptation of such rich intricacies in his molded form of decoration which is so much cheaper than sculpted wood and plaster, as he clearly points out.

Manufacturers were sometimes quite explicit in their catalogues that they wished to improve taste. They did not pioneer new styles, but with a shrewd eye to business quickly adapted their factories and workshops to styles initiated by pioneer artists and architects. The rise of the Industrial Revolution coin-

---

[2]And the continuation of the business. Plates 94 and 95 refer to a J. Jos. Heiligenthal, manufacturer of ornaments in Strasbourg, and successor of J. Beunat of Sarrebourg.

[3]This preface does not occur in the edition reproduced here. A translation of it, made from another edition, will be found after this Introduction.

cided with the rise of Neoclassicism so that it is hardly surprising that the marketing forces of the one should unite with the fashionable taste of the other. Source material from ancient Rome and Greece could be transformed as easily into hand-carved marble as into mass-produced pottery, or Beunat's plasterwork. Catalogues of this kind therefore performed a dual role. They helped to disseminate a currently fashionable style while advertising the wares of its producer. Sometimes they also performed a didactic role, explicitly aimed at improving taste. Didacticism is only implicit in Beunat, unlike Wedgwood's famous catalogue, in which he said: "Nothing can contribute more effectively to diffuse good taste through the arts than the power of multiplying copies of fine things, in materials fit to be applied to ornaments; by which means the public eye is instructed; bad and good works are nicely distinguished; and all the arts receive improvement."

The rapid growth of new building in the course of the eighteenth century coincided with increasing standardization of design under the impact of a common source, namely classical antiquity. The trend, already evident in the first half of the century, was greatly helped by the increasing availability of architectural pattern-books. In the second half of the century, under the impact of Neoclassicism from about 1750 onwards, the trend towards standardization becomes more marked, and the volume of illustrated literature proliferates. Architectural pattern-books are usually the best-known works, but this expanding literature was aimed at all areas of design, and also includes beautifully illustrated pattern-books for clocks, furniture, stoves, silverware, jewelry and so on. Throughout the eighteenth century and the early decades of the nineteenth, classicism provided a unity of style that was to break down by the mid-nineteenth-century Battle of the Styles. The eighteenth century's Gothic Revival and some manifestations of Chinese influence are still fundamentally classical in proportion, with nonclassical trimmings.

But it is this very dominance of classicism and the resulting standardization that the next generation wished to overthrow. Neoclassical decoration bought by the yard is precisely the kind that a Gothic Revivalist of the next generation, such as Pugin, is going to spurn. Beunat may well have shuddered, had he still been alive, at Pugin's vitriolic pages in his *True Principles* (1841) in which he fulminated against "the resistless torrent of Roman-cement men, who buy their ornaments by the yard, and their chapels by the ton."

DAVID IRWIN

November, 1973

TRANSLATIONS

Translation of Original Title (Plate 1)

Patented. Collection of designs for architectural [i.e., interior decoration] ornaments manufactured by Joseph Beunat, in Sarrebourg and Paris, rue St. Avoye, no. 63 [altered by hand to: "Chez Roussel, rue Michel-le-Comte, 18"], containing everything that pertains to the decoration of rooms, such as panels, overdoors, mirror friezes, wall friezes, pilasters, doorposts, rose ornaments, entablatures, moldings, corner pieces, modillions, etc. Painting. Architecture. Sculpture.

Translation of Original Preface

J. Beunat's Factory of Sculptured Ornaments, in Sarrebourg and Paris, rue Napoléon, no. 11

These beautiful ornaments, made of a composition preferable to Italian stucco, have been used with the greatest success for such bas-relief decorations as friezes, capitals, pilasters, columns and cornices. They replace every wooden, plaster or other carved ornament, and cost infinitely less. They can also be used for panels, wainscoting, ceilings, overdoors, mirror friezes, moldings, piers, frames, furniture, etc.

These ornaments have been executed from designs furnished by several well-known architect-decorators. It should also be noted that it is to the felicitous application of these decorations that the dwellings of the inhabitants of large cities owe part of their richness and beauty. It is through their use that it has become possible to eliminate the monotony presented by most rooms, which offer the eye nothing but empty panels which can only be adorned at great expense by placing paintings or engravings over them (it is even difficult to match the proportions of such pictures to the size of the room). These ornaments, on the other hand, which can be had in smaller or larger sizes, offer the artist who uses them the opportunity to create a perfect ensemble in the room he is decorating.

These ornaments may be painted in distemper, oil or varnish; their composition is so fine and smooth that they can be gilded in matt or glossy finish (with two coats of clear white, but without having to smooth out surface defects); they can even take gilding that imitates gilt bronze.

These ornaments can be worked like wood: the least skillful craftsman can apply them easily; the method for this, which is very simple, will be given, as well as the method for making them flexible so that they can be applied to any kind of concave or convex surface. They are similar to stone in solidity and are far superior to plaster, which the air decomposes, and to wood, which is subject to destruction by worms.

The use of these ornaments offers the advantage of a combination of beautiful decorations at a very modest price, which will always make them the choice of architects, artists and connoisseurs of art.

Mr. Beunat offers architects and *amateurs* the service of executing their designs as quickly as possible at the same prices as those established for ready-made objects.

A suite of rooms can be decorated in 7 to 8 days.

TRANSLATIONS

Translation of Remarks Engraved on the Plates

Plate 11:   *à jour* = openwork

Plate 13:   *Les rubans*, etc. = The ribbons are not included in the dimensions

Plate 15:   *Cinq pièces*, etc. = Five pieces are numbered 427; they are distinguished by the vases, chimeras, candelabra and children performing a sacrifice

Plate 24:   *Ces pièces*, etc. = These pieces are engraved at actual size

Plate 60:   *Il n'y a pas*, etc. = There is no additional part or extension for the vases in the middle of the large subjects, model B

　　　　Ces sujets, etc. = These subjects come in two sizes, one 4 feet and the other 5 feet wide; model A is 14 *pouces* and the other 2 feet high

Plate 67:   Dining room ... Plan of the dining room above

Plate 68:   Large drawing room ... Plan of the drawing room above

Plate 69:   Small drawing room ... Plan of the drawing room above

Plate 70:   Bedroom ... Plan of the bedroom above

Plate 71:   Small boudoir ... Plan of the boudoir above

Plate 72:   Bathroom ... Plan of the bathroom above

Plate 82:   *Fort relief* = High relief

Plate 87:   *Frises légères* = Light friezes

Plate 91:   *Objets fort relief* = Objects in high relief

Plate 92:   *Autel*, etc. = Altar of the Florentine Chapel

EMPIRE STYLE
DESIGNS AND ORNAMENTS

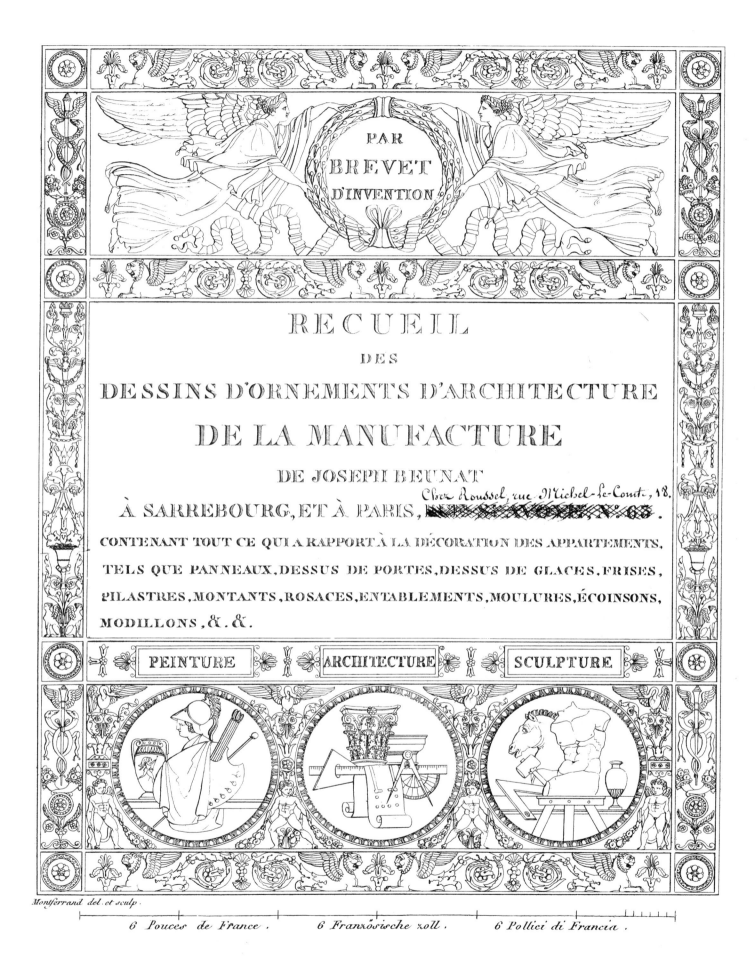

PAR
BREVET
D'INVENTION

RECUEIL

DES

DESSINS D'ORNEMENTS D'ARCHITECTURE

DE LA MANUFACTURE

DE JOSEPH BEUNAT

À SARREBOURG, ET À PARIS, *Chez Roussel, rue Michel-Le-Comte, 18.* ~~N° 68.~~

CONTENANT TOUT CE QUI A RAPPORT À LA DÉCORATION DES APPARTEMENTS,

TELS QUE PANNEAUX, DESSUS DE PORTES, DESSUS DE GLACES, FRISES,

PILASTRES, MONTANTS, ROSACES, ENTABLEMENTS, MOULURES, ÉCOINSONS,

MODILLONS, &. &.

PEINTURE   ARCHITECTURE   SCULPTURE

Montferrand del. et sculp.

6 Pouces de France.   6 Französische zoll.   6 Pollici di Francia.

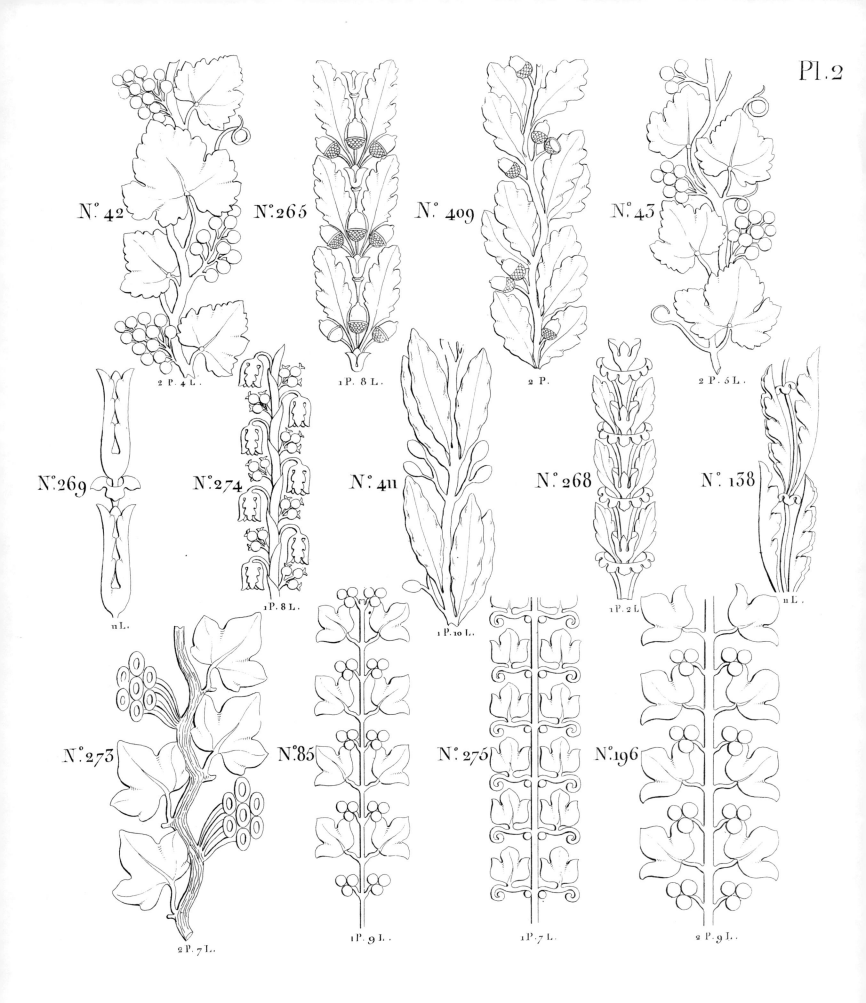

Pl.2

N.° 42   N.°265   N.° 409   N.° 43

2 P. 4 L.   1 P. 8 L.   2 P.   2 P. 5 L.

N.°269   N.°274   N.° 411   N.° 268   N.° 138

n L.   1 P. 8 L.   1 P. 10 L.   1 P. 2 L   n L.

N.° 273   N.°85   N.° 275   N.°196

2 P. 7 L.   1 P. 9 L.   1 P. 7 L.   2 P. 9 L.

Pl. 3

17 P.

17 P. 51.

18 P.

19 P. 6 L.

ROMA

19 P. 6 L.

ΠΛΟΤΑΡΧΟΣ ΕΠΟΙΕΙ·

20 P. 4 L.

17 P. 9 L.

18 P.

Pl 5.

N°.161

36 P.

24 P.

N°.160

36 P.

24 P.

N°.163

36 P.

24 P.

N°.162

36 P.

24 P.

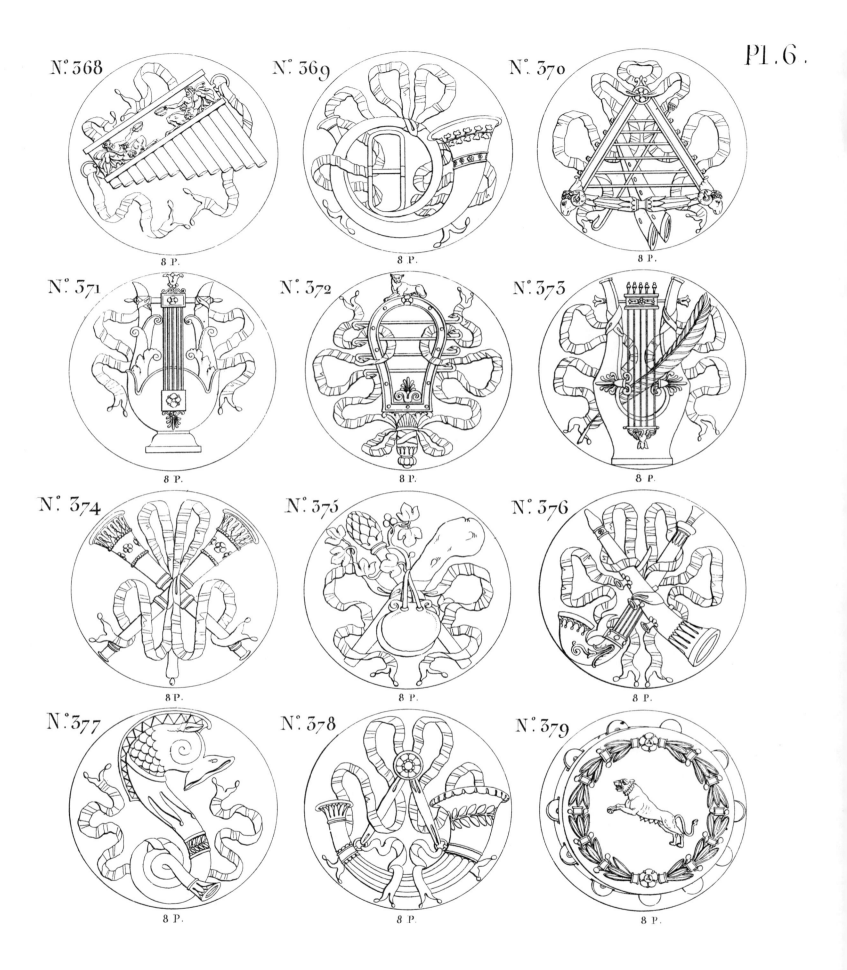

Pl. 6.

N.º 368

8 P.

N.º 369

8 P.

N.º 370

8 P.

N.º 371

8 P.

N.º 372

8 P.

N.º 373

8 P.

N.º 374

8 P.

N.º 375

8 P.

N.º 376

8 P.

N.º 377

8 P.

N.º 378

8 P.

N.º 379

8 P.

Pl. 7.

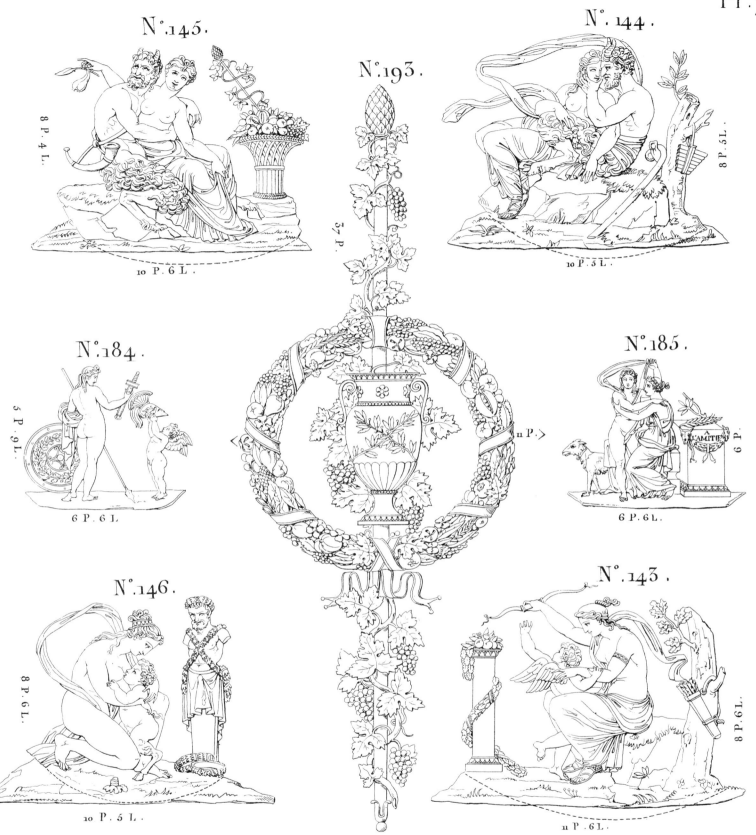

N°. 145.

8 P. 4 L.

10 P. 6 L.

N°. 193.

37 P.

N°. 144.

8 P. 5 L.

10 P. 5 L.

N°. 184.

5 P. 9 L.

6 P. 6 L.

11 P.

N°. 185.

6 P.

6 P. 6 L.

N°. 146.

8 P. 6 L.

10 P. 5 L.

N°. 143.

8 P. 6 L.

11 P. 6 L.

Pl. 8.

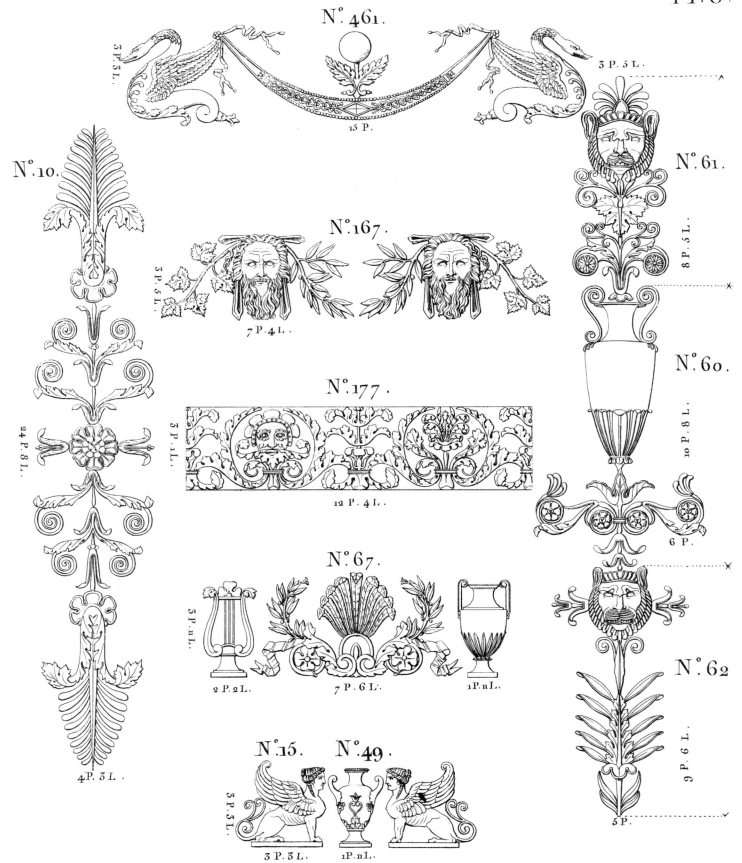

N°. 461.

3 P. 5 L.

15 P.

3 P. 5 L.

N°. 61.

8 P. 5 L.

N°. 10.

N°. 167.

3 P. 5 L.

7 P. 4 L.

N°. 177.

N°. 60.

3 P. 1 L.

24 P. 8 L.

12 P. 4 L.

10 P. 8 L.

N°. 67.

6 P.

3 P. n L.

2 P. 2 L.

7 P. 6 L.

1 P. n L.

N°. 62.

9 P. 6 L.

4 P. 3 L.

N°. 15.   N°. 49.

3 P. 5 L.

5 P.

3 P. 3 L.   1 P. n L.

N.° 122.

19 P.

19 P.

N.° 329.

18 P. 6 L.

22 P.

N.° 119.

16 P. 6 L.

17 P . 6 L.

N.° 120.

18 P.

20 P. 10 L.

N.° 117.

16 P. 4 L.

20 P. 6 L.

N.° 118.

16 P.

21 P. 6 L.

Pl. 9.

N°. 256 .

N°. 335 .

N°. 332 .

N°. 331 .

N°. 255 .

N°. 334 .

N°. 333 .

N°. 330 .

N°. 260 .

N°. 261 .

N°. 258 .

N°. 121 .

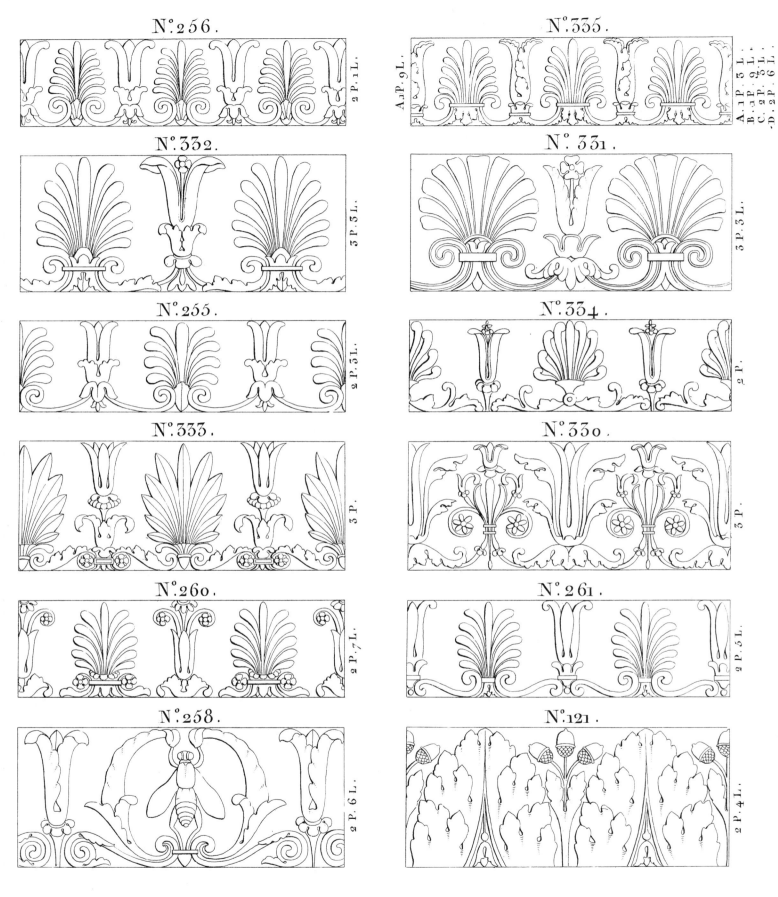

Pl. 11.

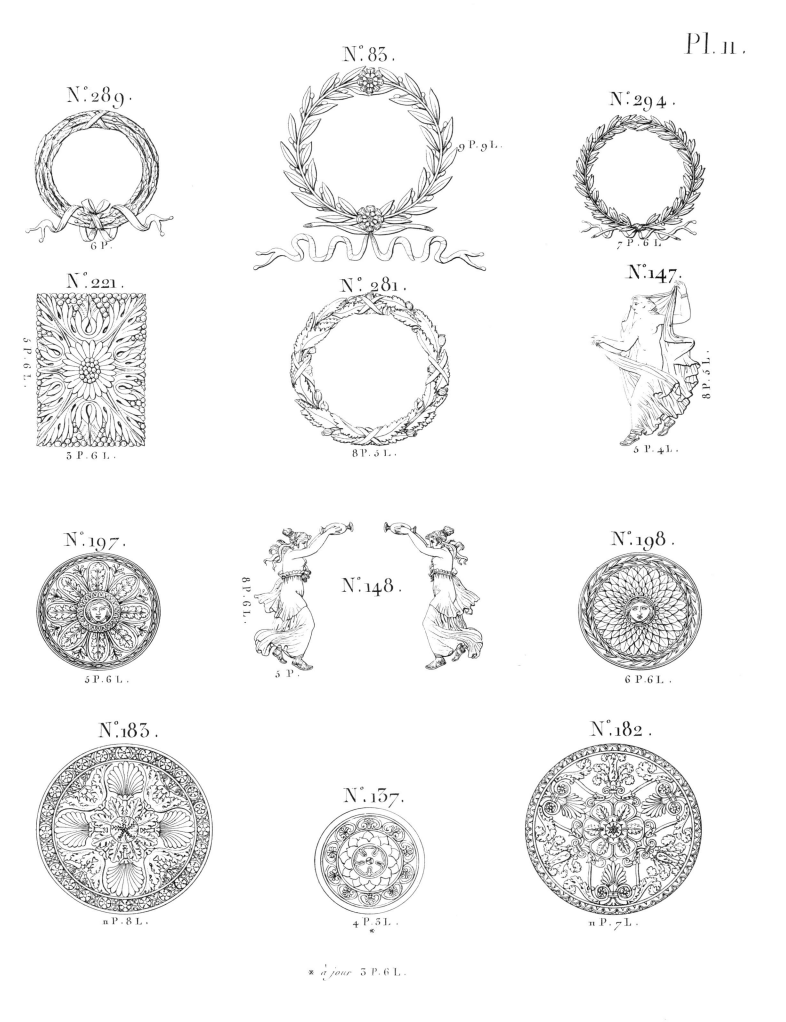

N.º 289.

6 P.

N.º 83.

9 P. 9 L.

N.º 294.

7 P. 6 L.

N.º 221.

5 P. 6 L.

3 P. 6 L.

N.º 281.

8 P. 3 L.

N.º 147.

8 P. 3 L.

5 P. 4 L.

N.º 197.

5 P. 6 L.

N.º 148.

8 P. 6 L.

5 P.

N.º 198.

6 P. 6 L.

N.º 183.

11 P. 8 L.

N.º 137.

4 P. 3 L.

N.º 182.

11 P. 7 L.

* à jour 3 P. 6 L.

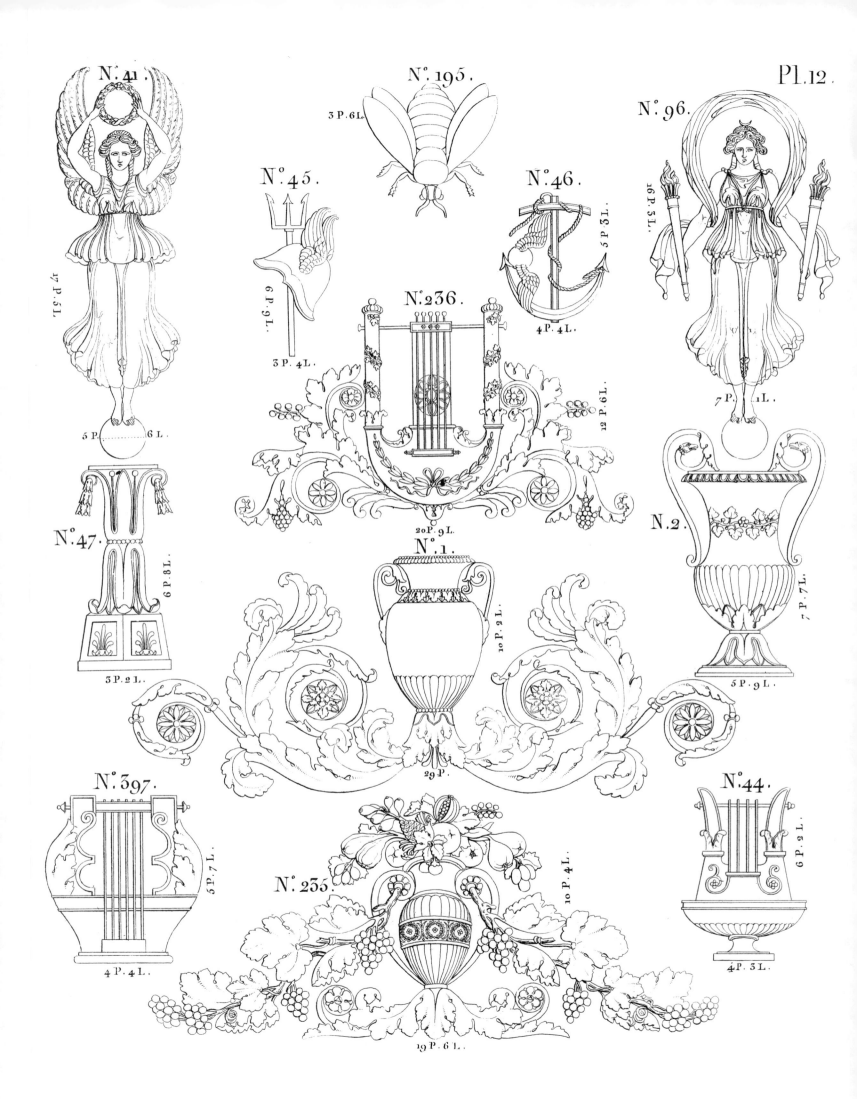

N.° 41.

N.° 195.

Pl. 12.

N.° 96.

3 P. 6 L.

N.° 45.

N.° 46.

16 P. 3 L.

6 P. 9 L.

3 P. 4 L.

5 P. 3 L.

4 P. 4 L.

N.° 236.

17 P. 5 L.

5 P. ..... 6 L.

12 P. 6 L.

7 P. 1 L.

N.° 47.

6 P. 8 L.

N.° 1.

N.° 2.

20 P. 9 L.

5 P. 2 L.

10 P. 2 L.

7 P. 7 L.

29 P.

5 P. 9 L.

N.° 397.

N.° 44.

5 P. 7 L.

10 P. 4 L.

6 P. 2 L.

N.° 235.

4 P. 4 L.

4 P. 3 L.

19 P. 6 L.

N.° 123.   20 P.   Pl. 13.

N.° 132.

19 P. 2 L.

N.° 264.   8 P. 5 L.

18 P. *

N.° 298.   N.° 115.   7 P. 1 L.   N.° 87.

4 P. 2 L.   3 P. 5 L.

N.° 58.   8 P. 8 L.   13 P. 7 L.

N.° 398.

12 P.

N.° 199.   21 P. 6 L.

N.° 229.

18 P.

* Les rubans ne sont point compris dans la dimension.

11 P. 3 L.

Pl. 14.

N°. 164.

14 P.   17 P.   15 P. 4 L.

N°. 165.

18 P. 6 L.   14 P. 2 L.

N°. 166.

12 P. 2 L.   19 P.   12 P. 4 L.

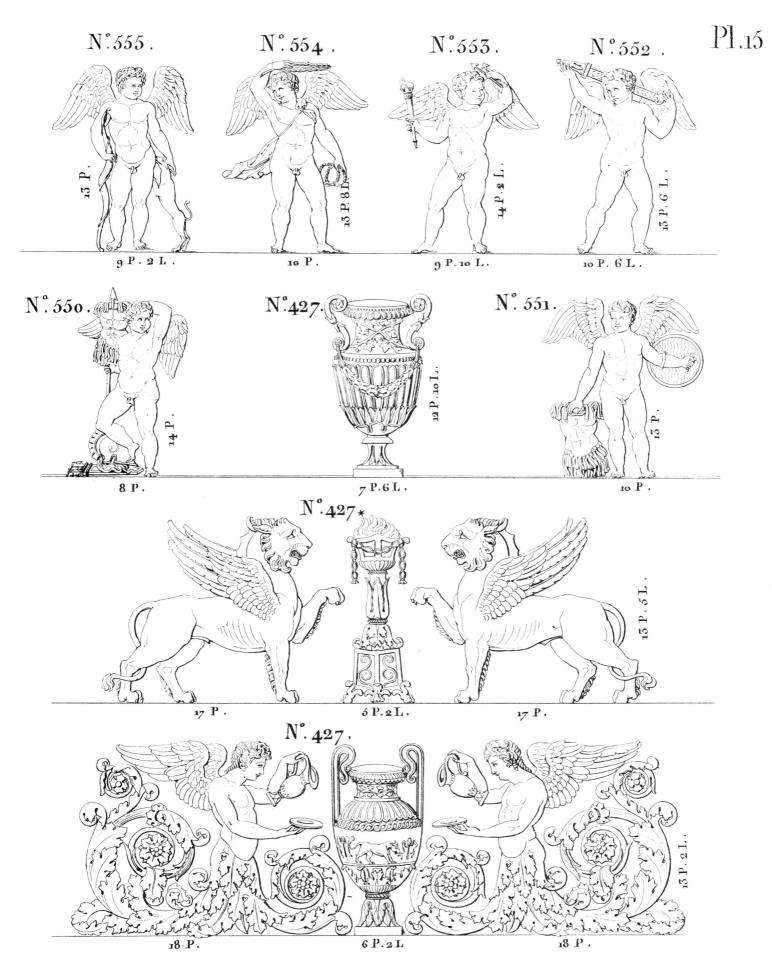

Pl. 15

N°. 555.   N°. 554.   N°. 553.   N°. 552.

9 P. 2 L.   10 P.   9 P. 10 L.   10 P. 6 L.

N°. 550.   N°. 427.   N°. 551.

8 P.   7 P. 6 L.   10 P.

N°. 427 ★

17 P.   5 P. 2 L.   17 P.

N°. 427.

18 P.   6 P. 2 L.   18 P.

★ Cinq pièces portent le N°. 427, elles se distinguent par Vases, Chimères, Candelabre et Enfans sacrificateurs.

3 P.

N.º 168.

5 P. 8 L.

2 P. 5 L.

5 P. 8 L.

3 P.

N.º 192.

5 P.

2 P. 11 L.

5 P.

3 P.

5 P. 10 L.

N.º 455.

2 P. 6 L.

5 P. 10 L.

2 P. 9 L.

N.º 340.

3 P.

5 P.

N.º 404.

3 P.

N.º 402.

5 P.

8 P. 5 L.

5 P. 6 L.

3 P.

8 P. 5 L.

5 P.

N.º 99.

13 P. 6 L.

5 P.

5 P.

3 P.

4 P. 5 L.

5 P.

3 P.

N.º 88.

3 P.

5 P.

N.º 276.

1 P. 9 L.

6 P.

6 P.

3 P. 4 L.

2 P. 11 L.

N°. 314.

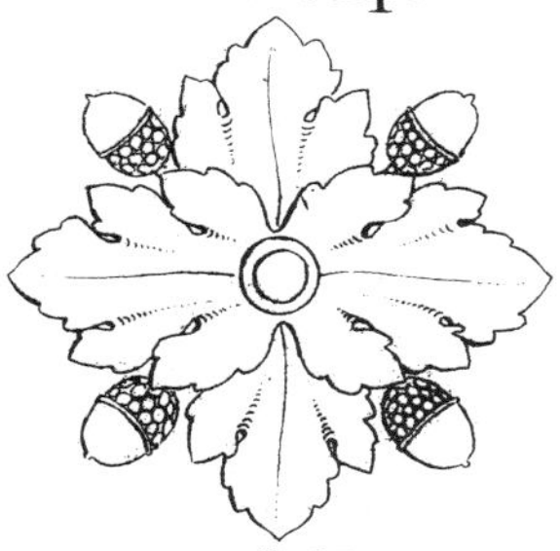

2 P. 6 L.

N°. 313.

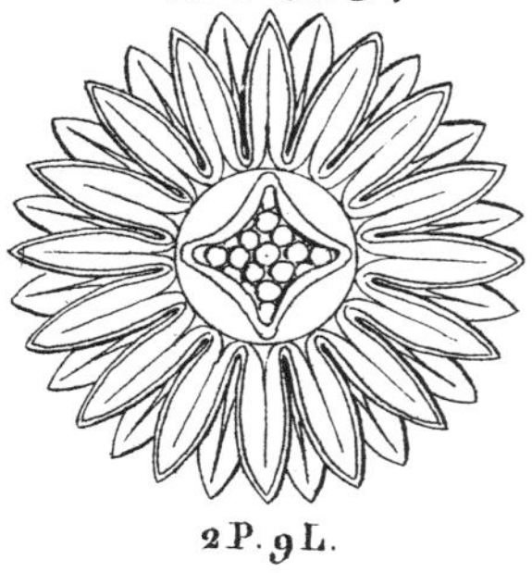

2 P. 9 L.

N°. 312.

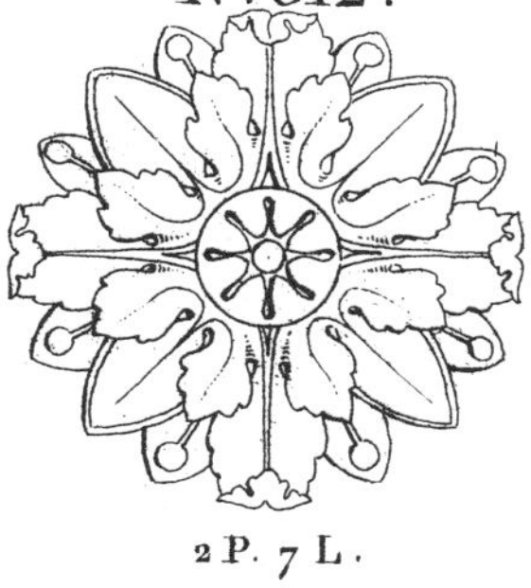

2 P. 7 L.

N°. 57.

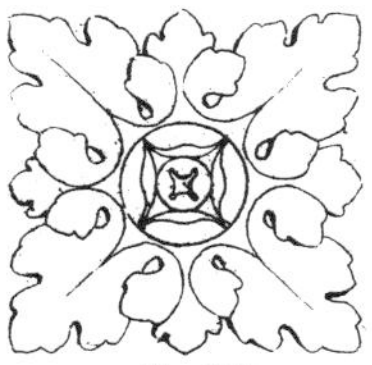

1 P. 6 L.

N°. 93.

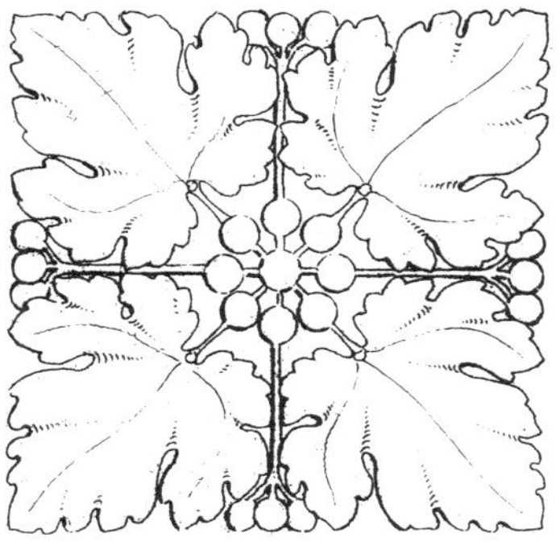

2 P. 7 L.

N°. 279.

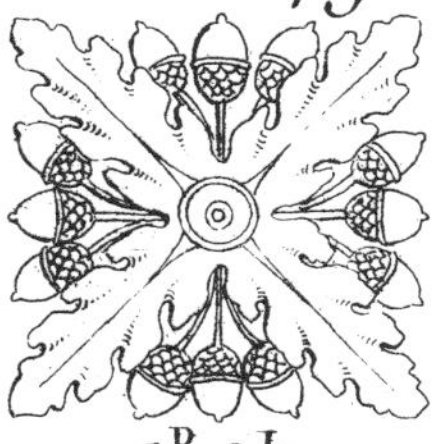

1 P. 9 L.

N°. 317.

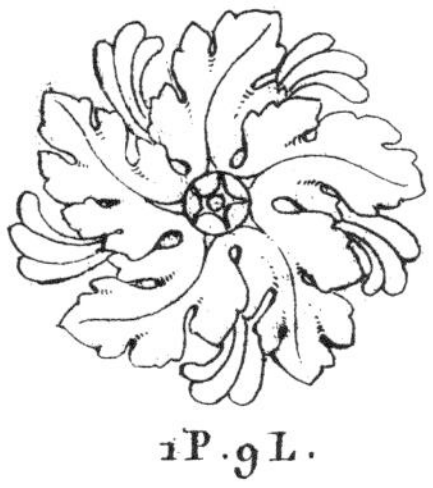

1 P. 9 L.

N°. 321.

2 P. 1 L.

N°. 111.

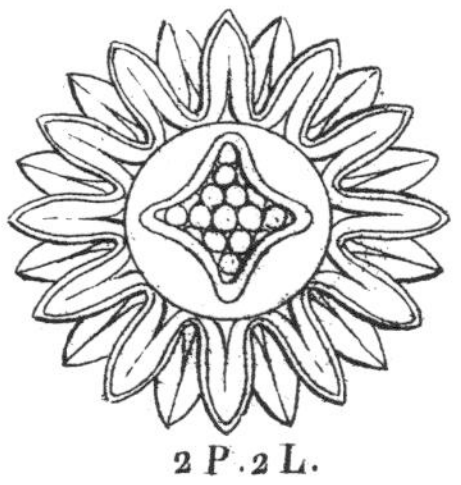

2 P. 2 L.

N°. 326. *

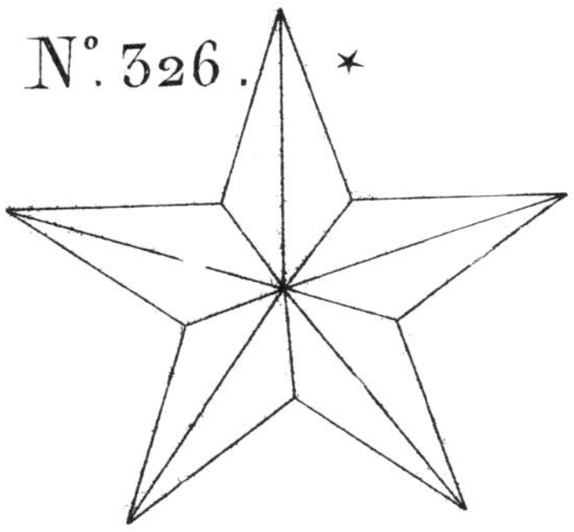

*	A	„ P.	9 L.
„	B	1	1 l.
„	C	1	3 l.
„	D	1	6 l.
„	E	1	8 l.
„	F	2	6 l.
„	G	3	7 l.

N°. 315.

1 P. 5 L.

N°. 327. *

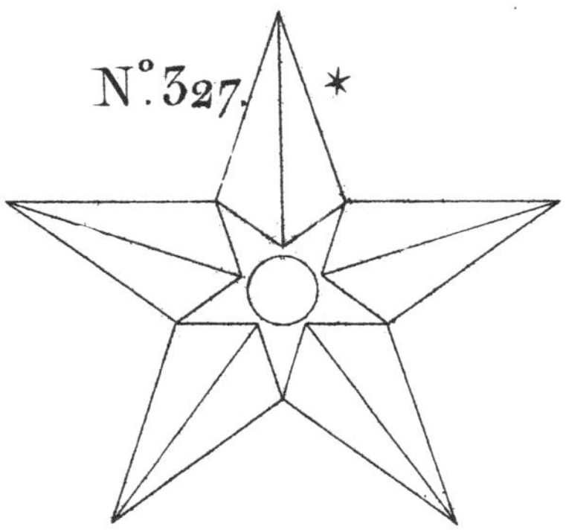

*	A	1 P.	3 L.
„	B	1	10 l.
„	C	2	3 l.

N°. 316.

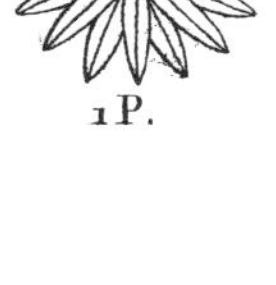

1 P.

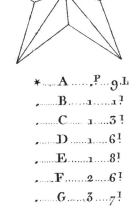

Pl. 18

N°.573.

N°.295.

N°.575.

2 P. 3 L.

3 P. 7 L.

2 P. 3 L.

N°.227.

N°. 110.

N°.228.

4 P. 9 L.

4 P. 5 L.

4 P. 11 L.

N°.587.

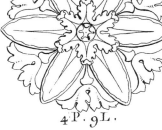

N°.576.

N°.588.

2 P. 10 L.

2 P. 10 L.

2 P. 10 L.

N°.577.

N°.572.

N°.574.

2 P. 4 L.

2 P. 1 L.

2 P. 4 L.

N°.339.

N°.279.

N°.562.

2 P. 1 L.

1 P. 9 L.

2 P. 1 L.

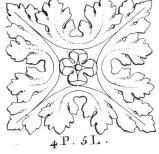

Pl. 19

Nº 367.

25 P. 3 L.

7 P. 1 L.

7 P. 9 L.

Nº 441.

27 P. 4 L.

5 P.

Nº 432.

10 P. 10 L.

42 P. 6 L.

Nº 433.

10 P. 9 L.

43 P.

Nº 343.

5 P. 3 L.

N.º 238.   N.º 92.   N.º 216.   Pl. 20

N.º 217.

N.º 211.   N.º 212.   N.º 213.

N.º 210.

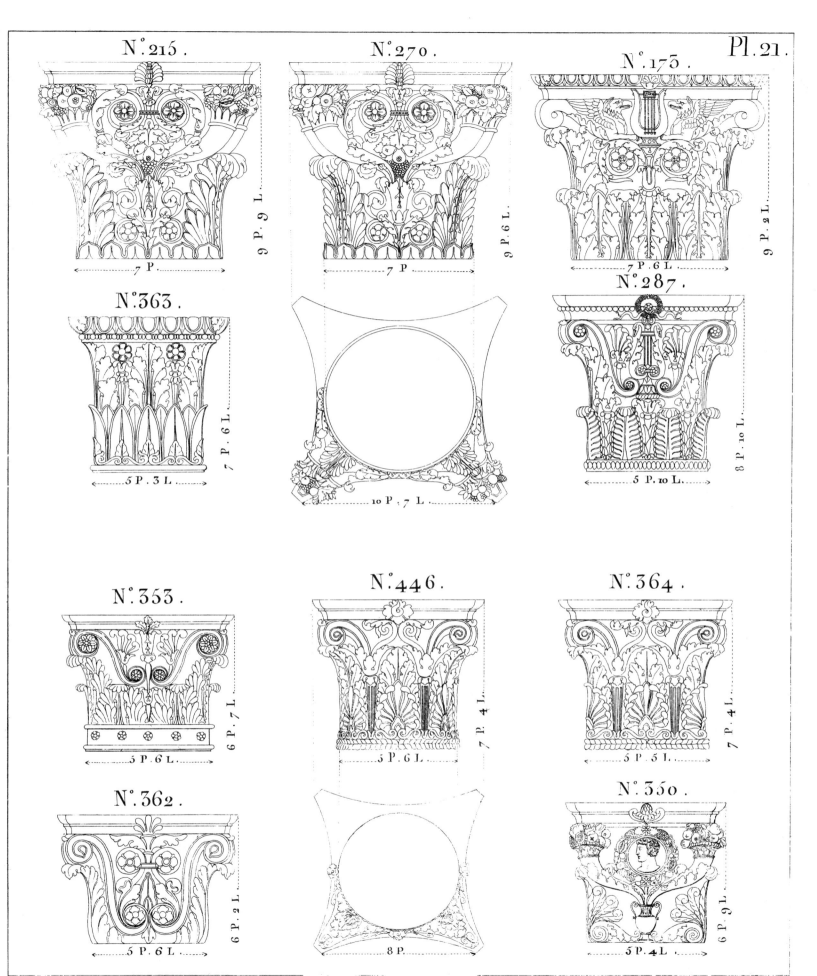

Pl. 21.

N.º 215.

N.º 270.

N.º 175.

N.º 363.

N.º 287.

N.º 353.

N.º 446.

N.º 364.

N.º 362.

N.º 350.

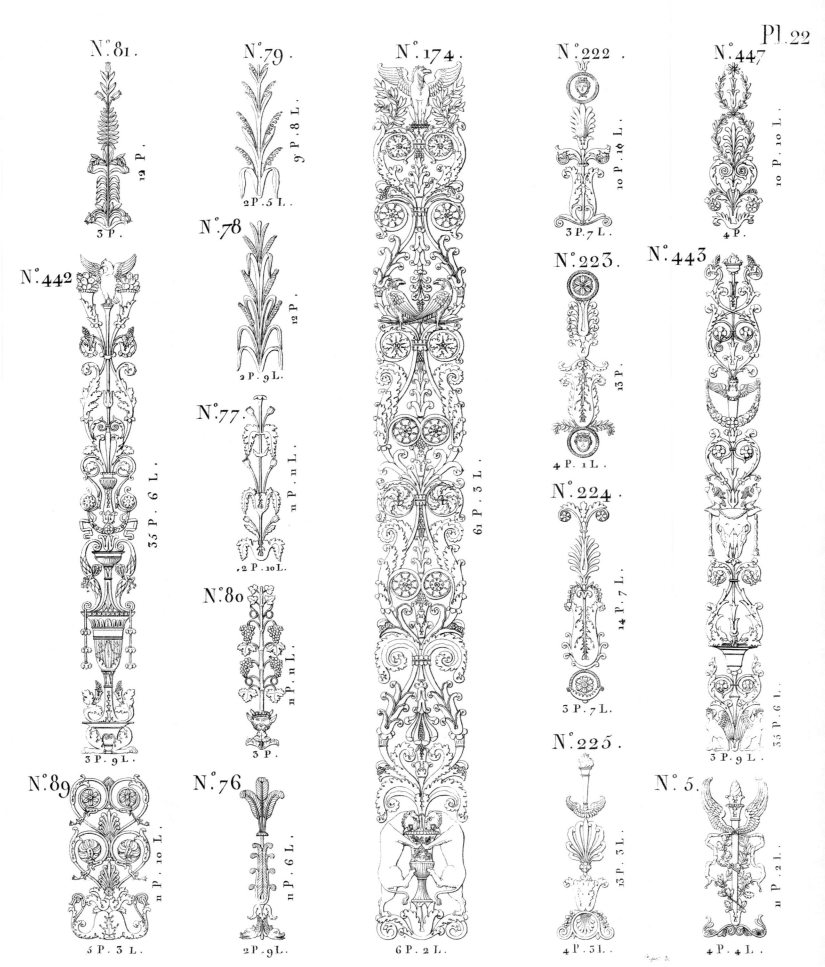

N.º 81.

12 P.

3 P.

N.º 79.

9 P. 8 L.

2 P. 5 L.

N.º 78.

12 P.

2 P. 9 L.

N.º 77.

11 P. 11 L.

2 P. 10 L.

N.º 80

11 P. 11 L.

3 P.

N.º 174.

61 P. 3 L.

6 P. 2 L.

N.º 222.

10 P. 12 L.

3 P. 7 L.

N.º 223.

13 P.

4 P. 1 L.

N.º 224.

14 P. 7 L.

3 P. 7 L.

N.º 225.

13 P. 3 L.

4 P. 31.

Pl. 22

N.º 447

10 P. 10 L.

4 P.

N.º 443

35 P. 6 L.

3 P. 9 L.

N.º 5.

11 P. 2 L.

4 P. 4 L.

N.º 442

35 P. 6 L.

3 P. 9 L.

N.º 89

11 P. 10 L.

5 P. 3 L.

N.º 76

11 P. 6 L.

2 P. 9 L.

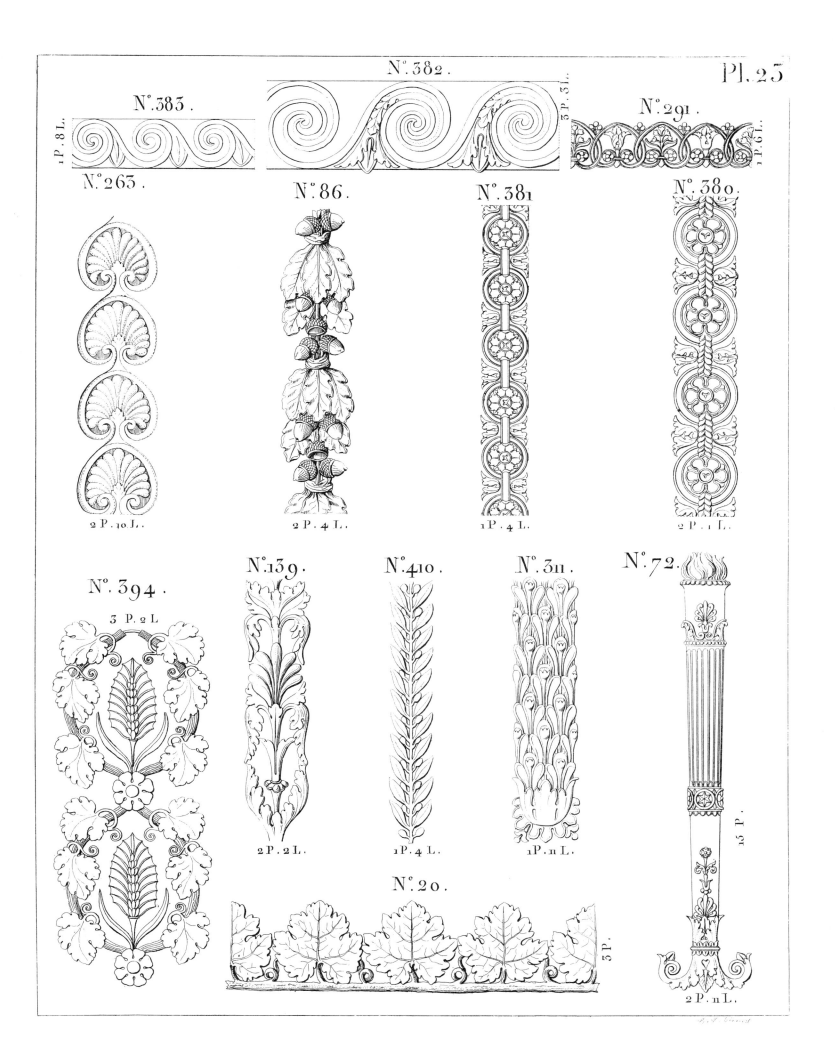

N°.382.

N°.383.

N°.291.

Pl.25

1P.8L.

3P.3L.

1P.6L.

N°.263.

N°.86.

N°.381

N°.380.

2P.10L.

2P.4L.

1P.4L.

2P.1L.

N°.394.

N°.139.

N°.410.

N°.311.

N°.72.

3P.2L

2P.2L.

1P.4L.

1P.11L.

15 P.

N°.20.

3P.

2P.11L.

Pl. 24

N.° 306 F.

N.° 308 D.

N.° 306 E.

N.° 308 C.

N.° 306 D.

N.° 308 B.

N.° 306 C.

N.° 308 A.

N.° 306 B.

N.° 306 A.

N.° 306 y.

N.° 306 x.

N.° 231

N.° 233

N.° 232

N.° 25

N.° 26

N.° 278

N.° 34

N.° 9

N.° 35

N.° 31

N.° 241

N.° 242

N.° 91

N.° 24

N.° 234

N.° 277

N.° 36

N.° 29

N.° 32

N.° 30

N.° 27

N.° 33

N.° 28

N.° 206

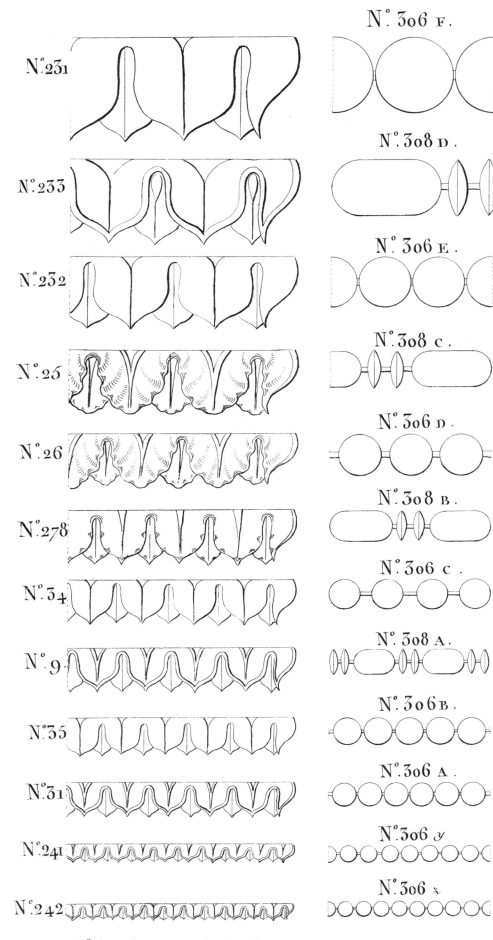

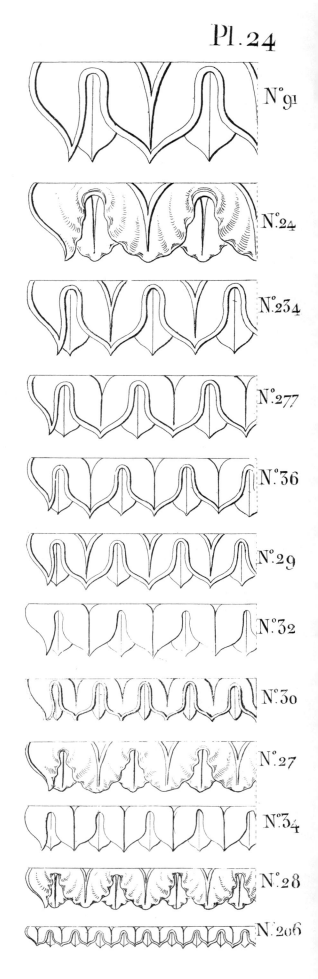

N.ª Ces pièces sont gravées dans leur dimension naturelle

Pl.25

N°.141.   N°.141.   N°.141.

7 P. 4 L.   6 P. 10 L.   7 P. 4 L.

8 P. 6 L.   17 P.   8 P. 6 L.

N°. 271.

6 P.

7 P. 8 L.

16 P. 10 L.

N°.439.

7 P. 2 L.

16 P. 2 L.

N°. 338.

7 P. 4 L.

23 P.   12 P. 8 L.

N°. 346   N°.220.

N°.548.

4 P. 5 L.   6 P.   5 P. 10 L.

12 P.   13 P. 6 L.   9 P.

Pl. 26.

N°. 272.

N°. 280.

N°. 50.

N°. 51.

3 P.

5 P. 4 L.

5 P. 6 L.

5 P. 3 L.

5 P. 3 L.

2 P. 11 L.

2 P. 10 L.

N°. 285.

N°. 283.

N°. 286.

N°. 284.

2 P. 7 L.

2 P. 9 L.

2 P. 9 L.

2 P. 7 L.

2 P. 9 L.

2 P. 8 L.

2 P. 9 L.

2 P. 9 L.

N°. 108.

N°. 16.

N°. 141.

N°. 453.

3 P. 2 L.

3 P. 8 L.

4 P. 1 L.

4 P. 1 L.

4 P. 7 L.

4 P. 6 L.

2 P. 6 L.

2 P. 9 L.

N°. 450.

N°. 74.

N°. 74.

N°. 8.

2 P. 8 L.

2 P. 9 L.

1 P. 10 L.

2 P. 1 L.

1 P. 10 L.

2 P. 1 L.

2 P. 7 L.

2 P. 11 L.

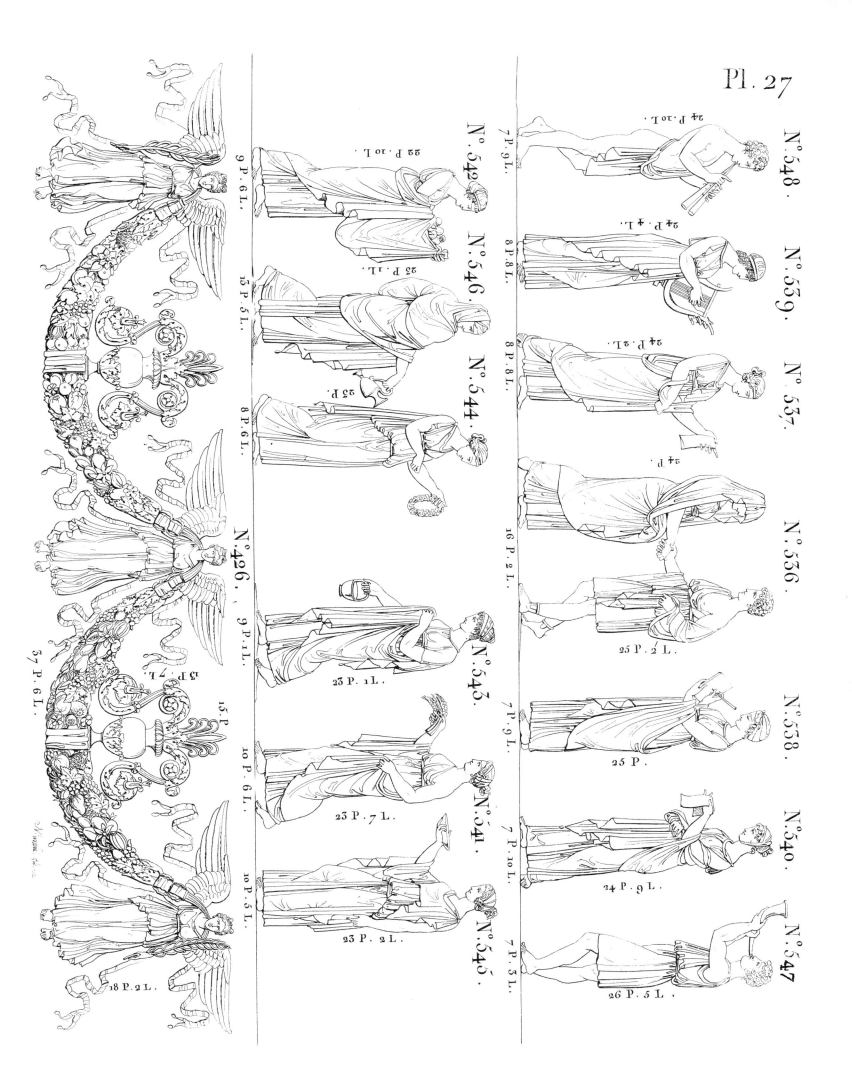

Pl. 27

N.° 548.

24 P. 10 L.

N.° 559.

24 P. 4 L.

N.° 557.

24 P. 2 L.

N.° 556.

24 P.

25 P. 2 L.

N.° 542.

22 P. 10 L.

9 P. 6 L.

N.° 546.

23 P. 1 L.

5 P. 5 L.

N.° 544.

23 P.

8 P. 6 L.

N.° 426.

15 P.

13 P. 2 L.

9 P. 1 L.

23 P. 1 L.

N.° 543.

23 P. 7 L.

10 P. 6 L.

N.° 541.

23 P. 2 L.

10 P. 5 L.

N.° 545.

7 P. 9 L.

8 P. 8 L.

8 P. 8 L.

16 P. 2 L.

N.° 558.

25 P.

7 P. 9 L.

N.° 540.

24 P. 9 L.

7 P. 10 L.

N.° 547.

26 P. 5 L.

7 P. 5 L.

37 P. 6 L.

18 P. 2 L.

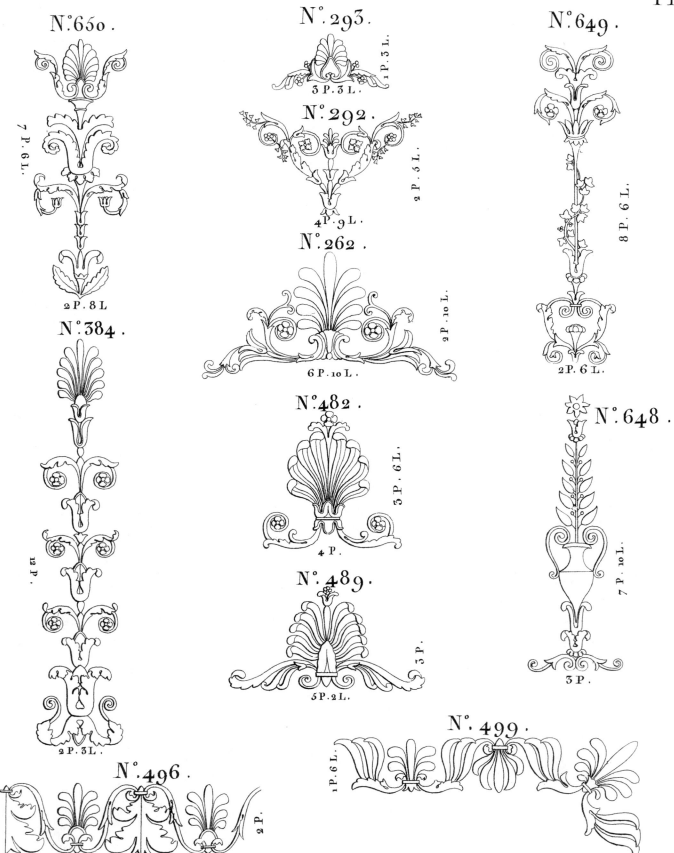

Pl. 28

N.º 650.

N.º 293.

N.º 649.

N.º 292.

N.º 262.

N.º 384.

N.º 482.

N.º 648.

N.º 489.

N.º 496.

N.º 499.

Pl. 29

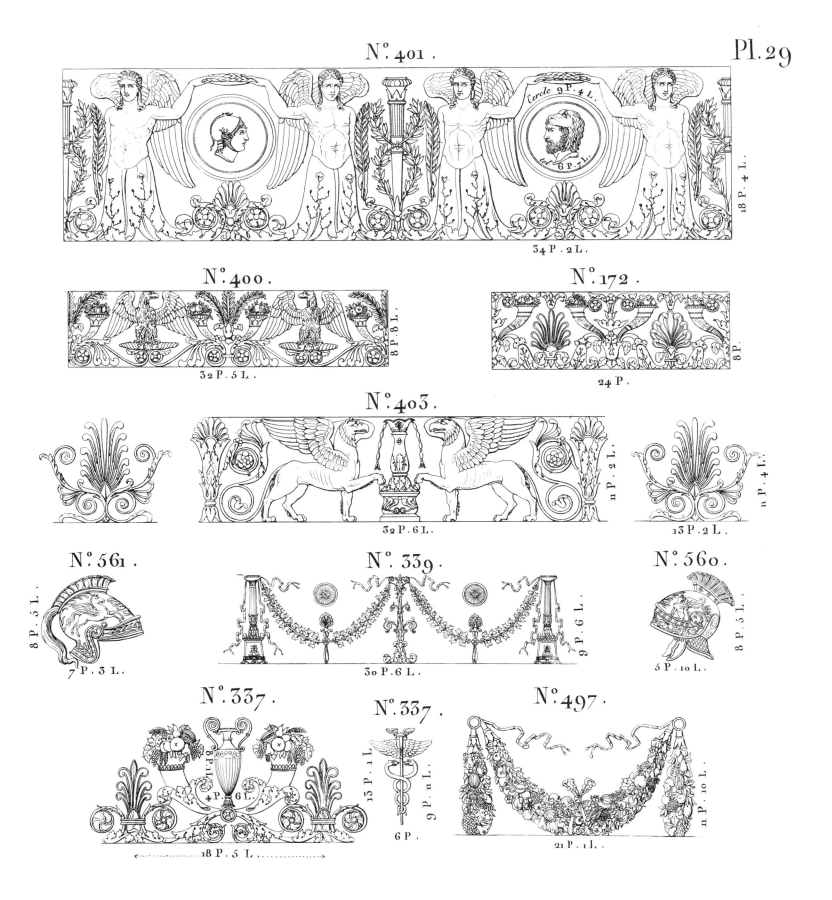

Nº. 401.

Nº. 400.

Nº. 172.

Nº. 403.

Nº. 561.

Nº. 339.

Nº. 560.

Nº. 337.

Nº. 337.

Nº. 497.

N.º 237.

5 P. 4 L.

3 P. 3 P. 3 P. 3 P. 3 P. 3 P.

N.º 239.

5 P. 9 L.

3 P. 3 P. 3 P. 3 P. 3 P. 3 P. 3 P. 3 P. 3 P.

N.º 219.

N.º 393.   N.º 393.

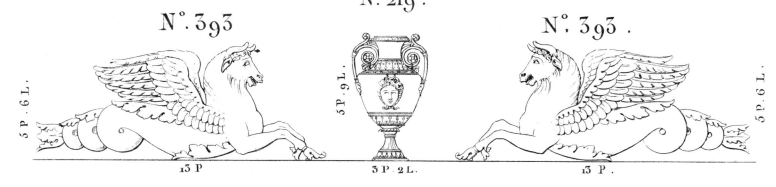

5 P. 6 L. 5 P. 9 L. 5 P. 6 L.

13 P. 3 P. 2 L. 13 P.

N.º 419.

N.º 395.   N.º 395.

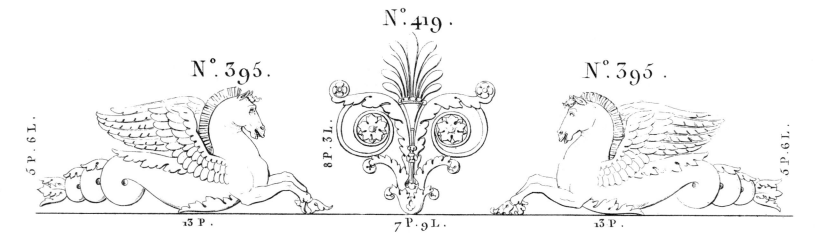

5 P. 6 L. 8 P. 3 L. 5 P. 6 L.

13 P. 7 P. 9 L. 13 P.

Pl. 31

N°. 355.

8 P. 3 L.

6 P. 4 L.

N°. 600.

3 P. 6 L.

4 P. 4 L.

N°. 288.

3 P.

4 P. 5 L.

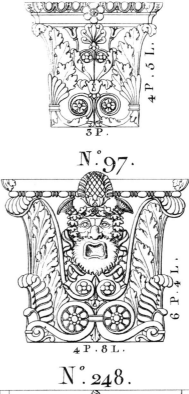

N°. 97.

4 P. 8 L.

6 P. 4 L.

N°. 249.

3 P. 7 L.

5 P. 3 L.

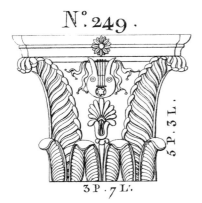

N°. 134.

4 P. 4 L.

5 P. 9 L.

N°. 266.

4 P.

6 P. 1 L.

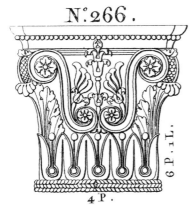

N°. 214.

4 P. 6 L.

5 P. 3 L.

N°. 248.

4 P. 4 L.

5 P. 10 L.

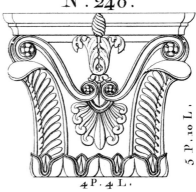

N°. 366.

5 P. 7 L.

6 P. 9 L.

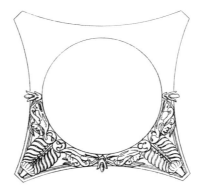

N°. 365.

4 P. 10 L.

5 P. 9 L.

Pl. 32.

Nº 631.   Nº 230.   Nº 113.

3 P. 10 L.   1 P. 6 L.   2 P. 4 L.   5 P.   3 P.   1 P. 11 L.

Nº 629.   Nº 19.   Nº 630.

4 P. 6 L.   2 P.   3 P. 10 L.   2 P.   4 P. 4 L.   1 P. 6 L.

Nº 359.   Nº 84.   Nº 358.

2 P. 5 L.   2 P. 11 L.   3 P. 3 L.   4 P. 4 L.   2 P. 3 L.   3 P.

Nº 360.   Nº 356.   Nº 361.

2 P.   2 P. 10 L.   4 P. 5 L.   4 P. 10 L.   1 P. 7 L.   2 P. 3 L.

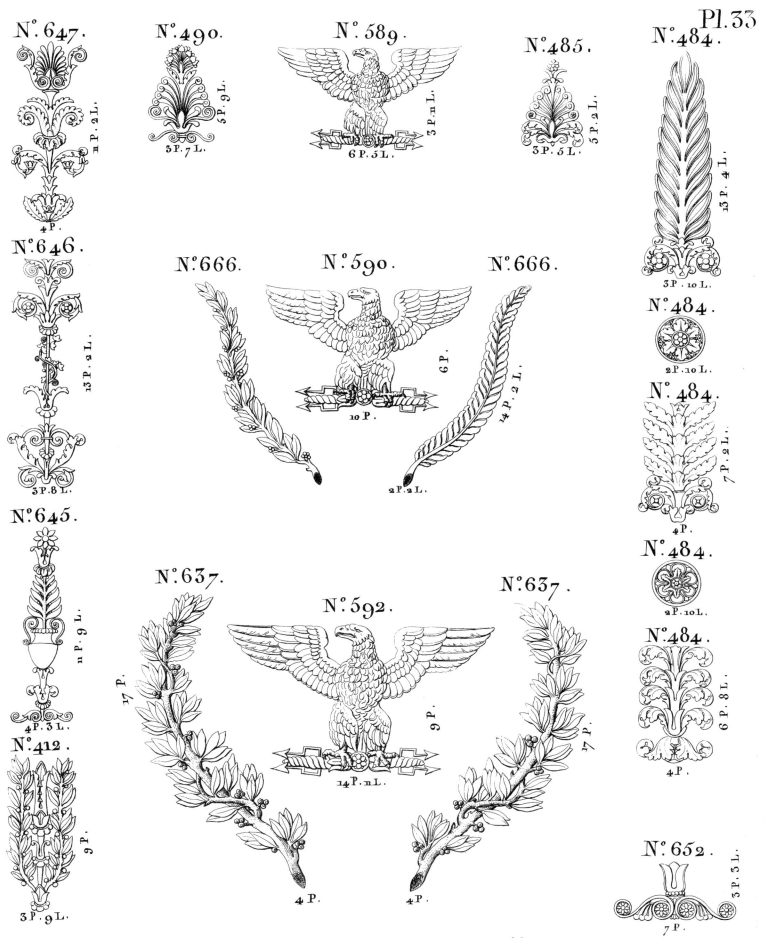

Pl. 33.

N.° 647.

11 P. 2 L.

4 P.

N.° 646.

13 P. 2 L.

3 P. 8 L.

N.° 645.

11 P. 9 L.

4 P. 3 L.

N.° 412.

9 P.

3 P. 9 L.

N.° 490.

5 P. 9 L.

3 P. 7 L.

N.° 666.

N.° 589.

3 P. 11 L.

6 P. 5 L.

N.° 590.

6 P.

10 P.

N.° 666.

4 P. 2 L.

2 P. 2 L.

N.° 637.

17 P.

N.° 592.

9 P.

14 P. 11 L.

4 P.

N.° 637.

7 P.

4 P.

N.° 485.

5 P. 2 L.

3 P. 5 L.

N.° 484.

13 P. 4 L.

3 P. 10 L.

N.° 484.

2 P. 10 L.

N.° 484.

7 P. 2 L.

4 P.

N.° 484.

2 P. 10 L.

N.° 484.

6 P. 8 L.

4 P.

N.° 652.

3 P. 5 L.

7 P.

Pl. 34

N.º 620.

N.º 48.

N.º 467.

N.º 48.

N.º 623.

4 P.

4 P. 9 L.

4 P.

4 P. 9 L.

3 P. 5 L.

N.º 626.

N.º 466.

N.º 625.

3 P. 5 L.

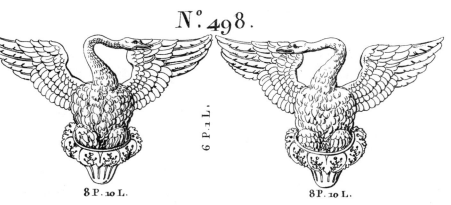

7 P. 6 L.

7 P. 6 L.

9 P.

N.º 622.

N.º 498.

N.º 619.

3 P. 8 L.

8 P. 10 L.

8 P. 10 L.

4 P. 3 L.

N.º 621.

N.º 651.

N.º 624.

3 P. 9 L.

8 P.

8 P.

4 P. 4 L.

Normand fils sc.

Pl. 35.

N.º 69.

3 P. 8 L.

8 P. 6 L.

N.º 491.

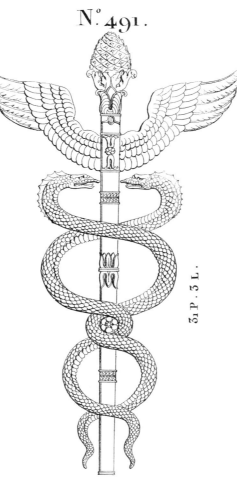

3 P. 5 L.

17 P. 3 L.

N.º 492.

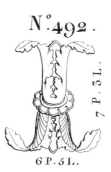

6 P. 5 L.

7 P. 5 L.

N.º 11.

12 P. 11 L.

9 P.

N.º 392.

13 P. 4 L.

9 P. 4 L.

N.º 133.

14 P. 10 L.

8 P. 5 L.

N.º 385.

9 P. 4 L.

9 P. 2 L.

N.º 440.

14 P. 10 L.

12 P. 2 L.

N.º 440.

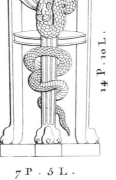
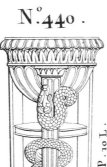

7 P. 5 L.

14 P. 10 L.

N.º 440.

12 P. 2 L.

14 P. 10 L.

Pl. 36.

N.º 487.

14 P. 9 L.

5 P. 1 L.

N.º 408.

33 P.

3 P. 9 L.

N.º 486.

20 P. 3 L.

6 P. 10 L.

N.º 114.

21 P. 3 L.

7 P. 5 L.

N.º 407.

13 P. 3 L.

8 P.

11 P. 8 L.

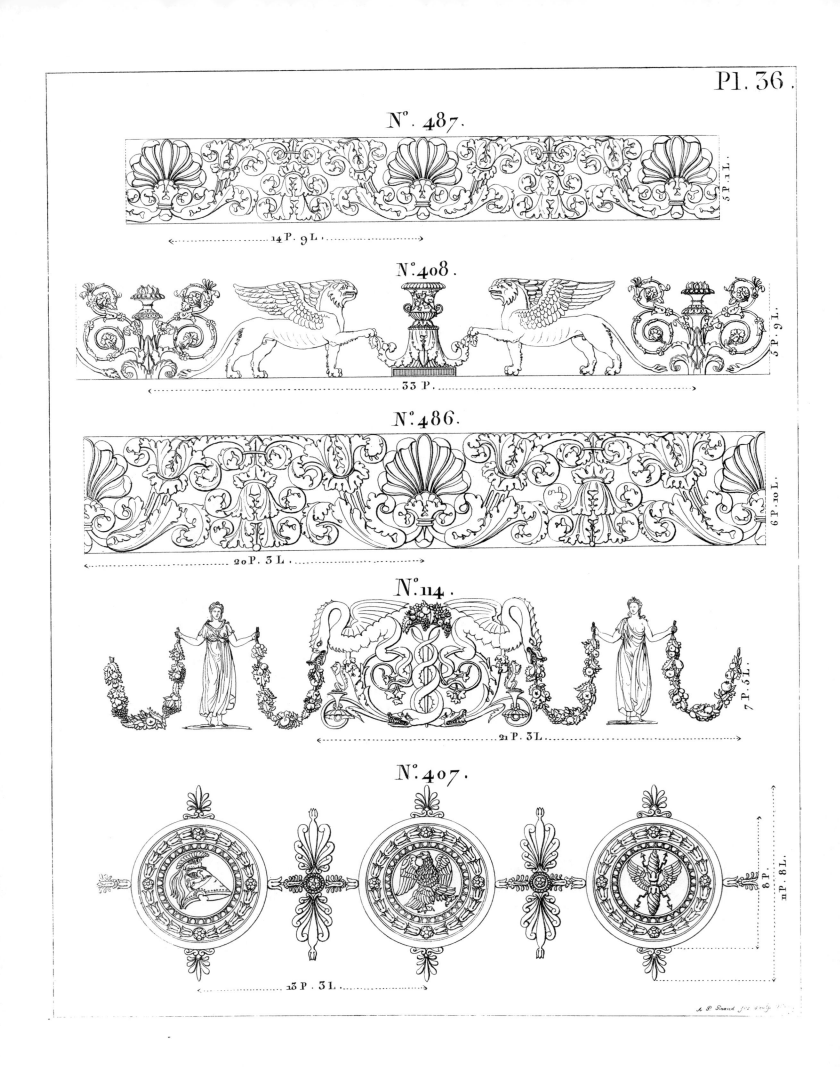

Nº 500.

Pl. 37

Nº 502.

Nº 501.

Nº 503

N.º 505.

N.º 506.

N.º 507.

N.º 508.

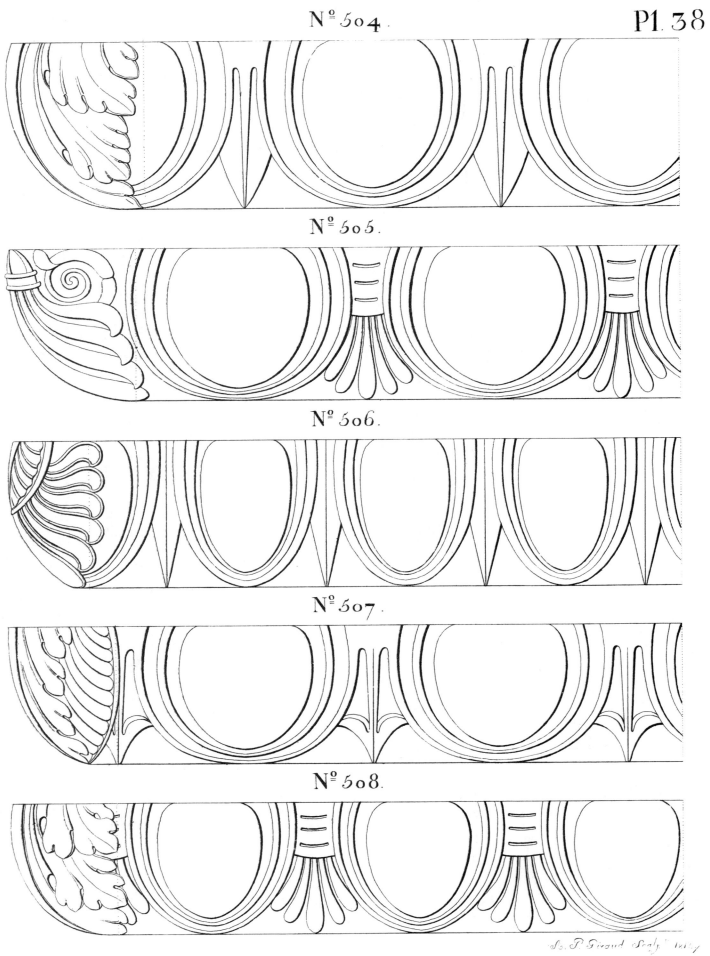

Nº 509.

Nº 150. Pl. 39

Nº 510

Nº 151

Nº 512.

Nº 516

Nº 513.

Nº 517.

Nº 511.

Nº 518.

Nº 514.

Nº 153.

Nº 515.

Nº 519

Nº 520.

Nº 521.

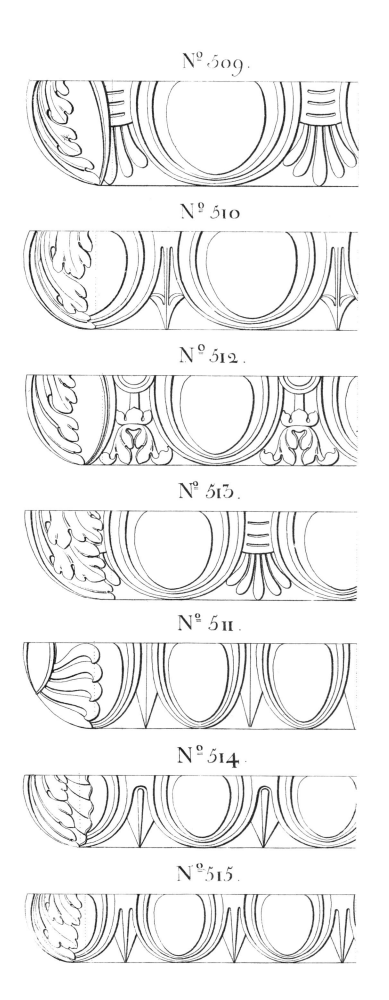

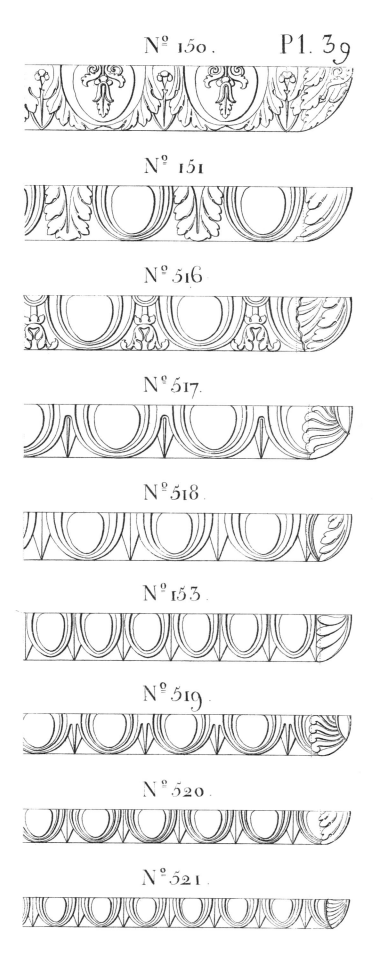

Pl. 40

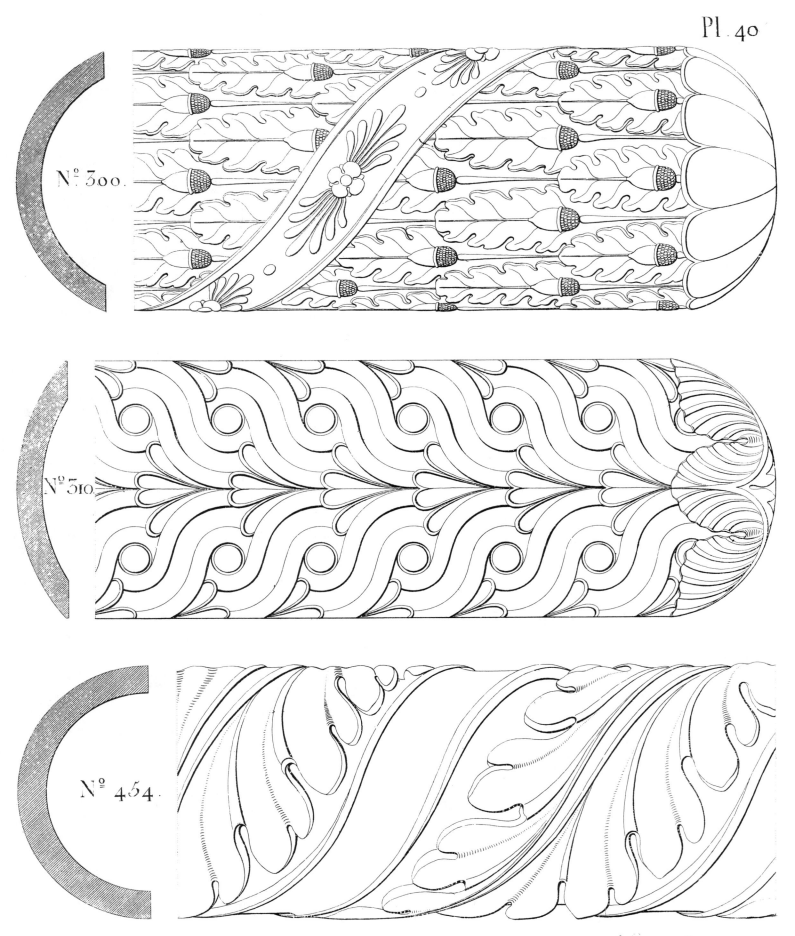

N.º 300.

N.º 510.

N.º 454.

Nº 628

Nº 200

Pl. 41

Nº 202

Nº 638

Nº 135

Nº 604

Nº 678

Nº 609

Nº 204

Nº 205

Nº 187

Nº 201

Nº 203

Nº 157

Nº 209

Nº 208

Nº 608

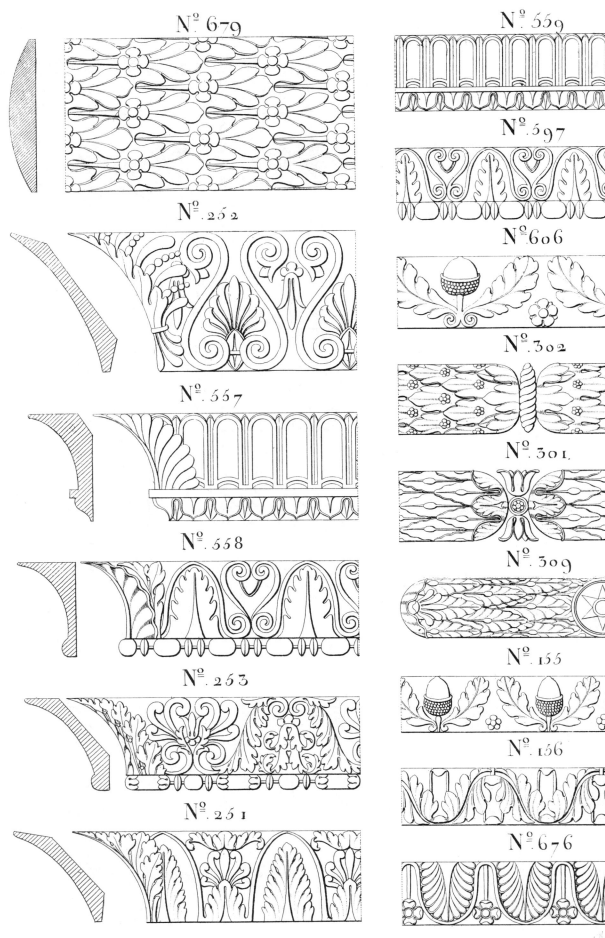

N.º 679

N.º 559

Pl. 42

N.º 597

N.º 252

N.º 606

N.º 557

N.º 302

N.º 301

N.º 558

N.º 309

N.º 263

N.º 155

N.º 156

N.º 251

N.º 676

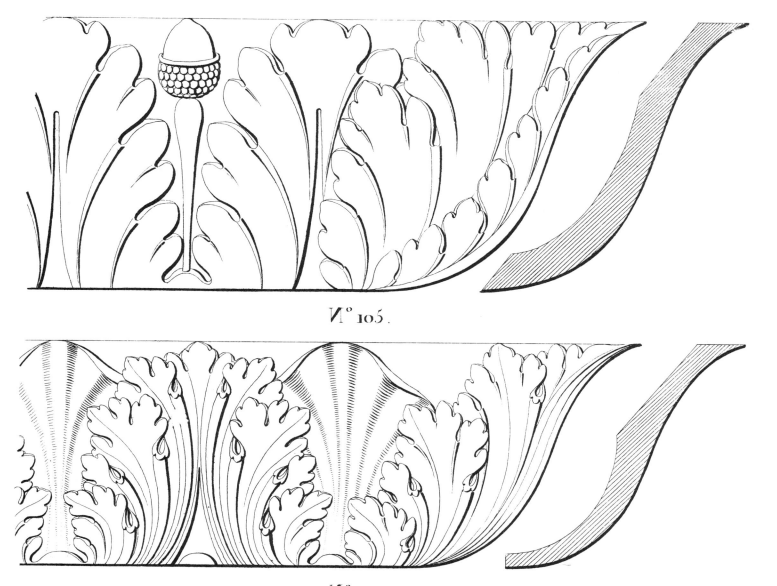

N° 105.

N° 299.

A. P. Giraud Sculp. Dessiné 1837.

Nº 527.

Nº 529.

Nº 530.

№ 116.

№ 531.

№ 107.

№ 532.

A. P. Giraud Sculp.ᵗ Strasbourg.

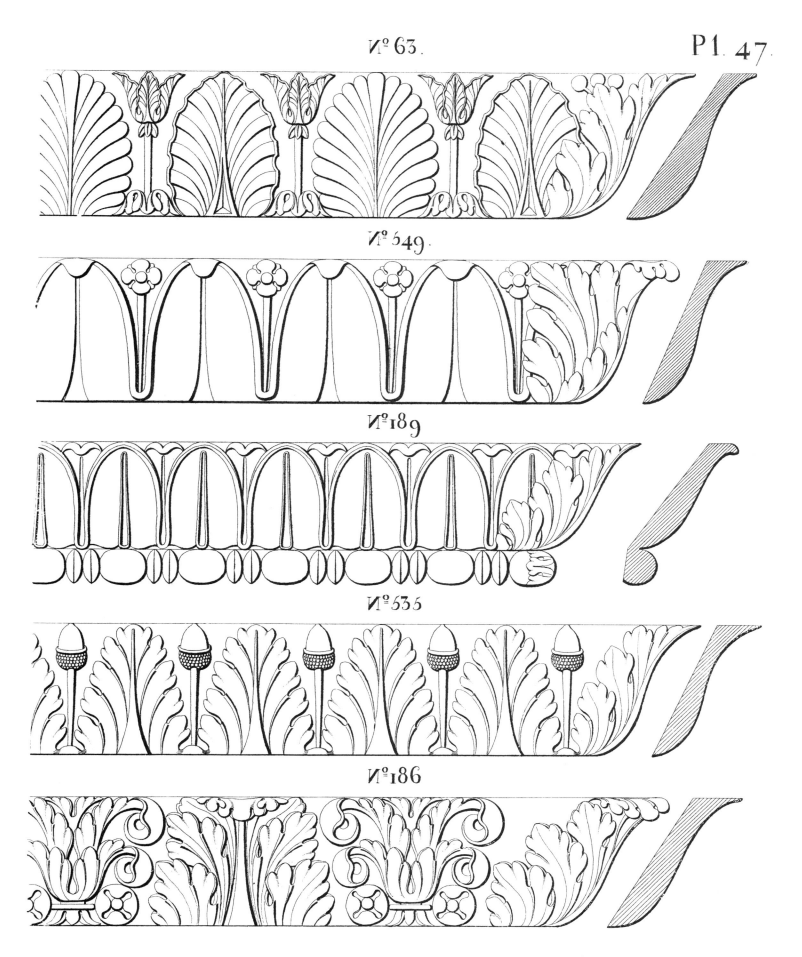

N.º 63.

Pl. 47.

N.º 549.

N.º 189.

N.º 535.

N.º 186.

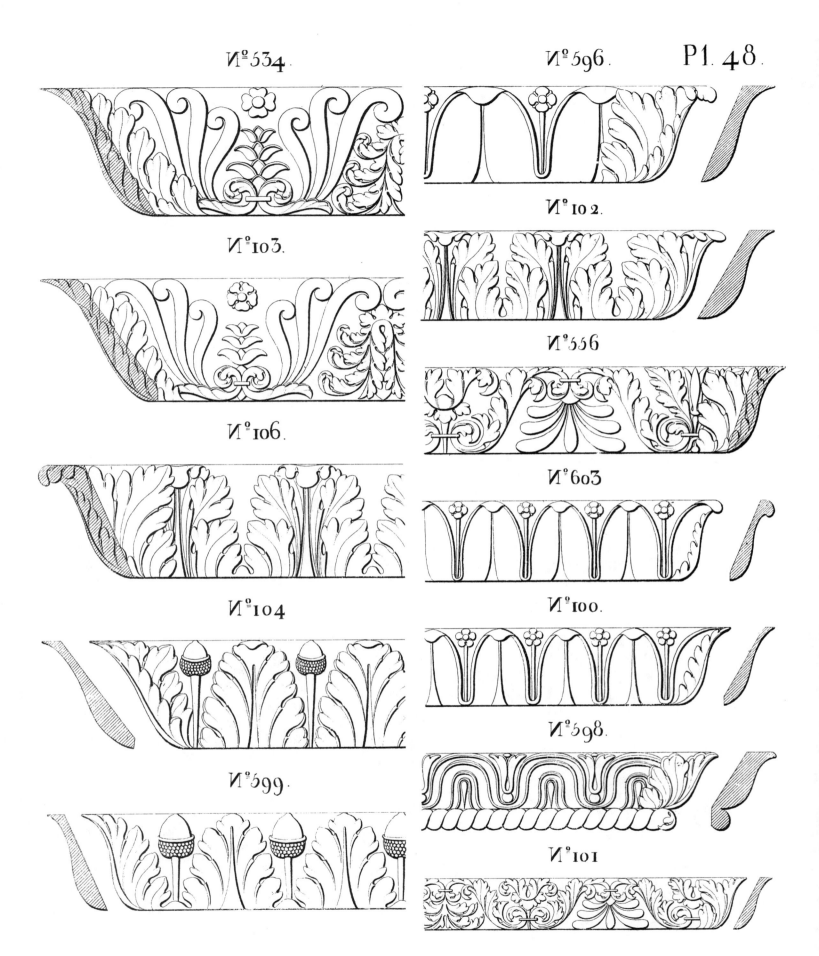

№ 534.

№ 596.

Pl. 48.

№ 103.

№ 102.

№ 106.

№ 556

№ 104.

№ 603

№ 100.

№ 599.

№ 598.

№ 101

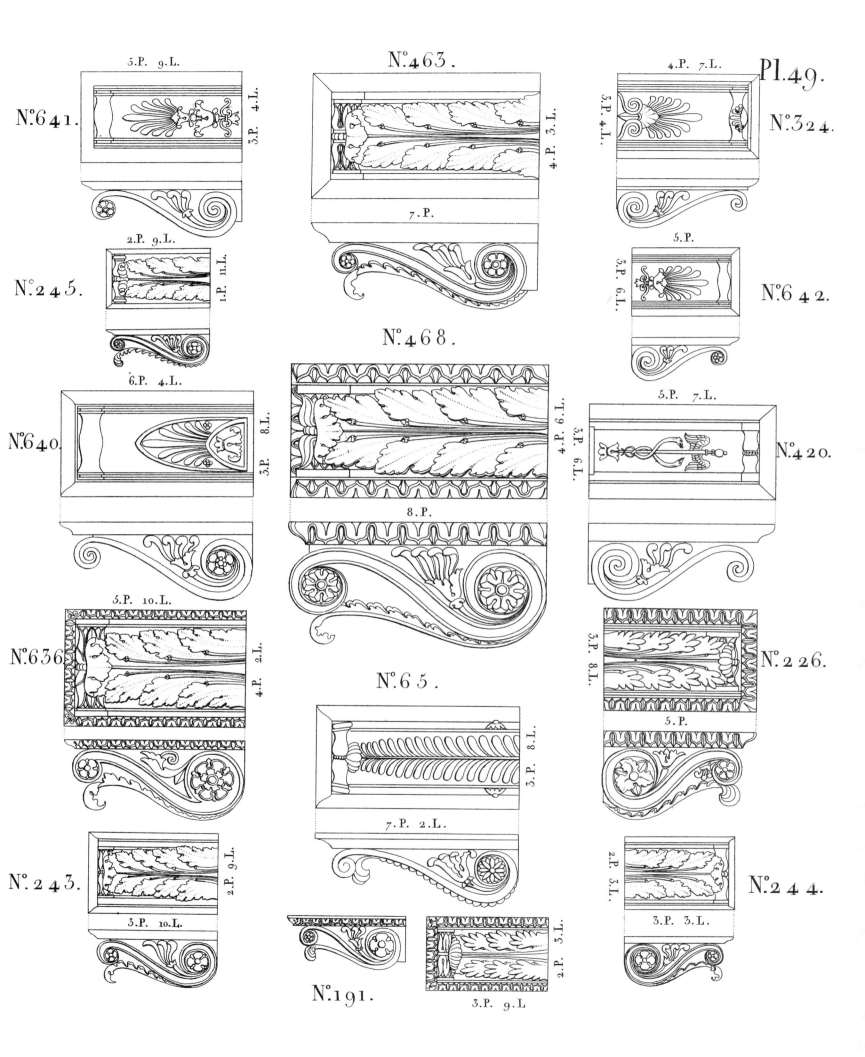

N.° 641.   5.P. 9.L.   3.P. 4.L.

N.° 463.   4.P. 7.L.   7.P.   4.P. 3.L.

Pl. 49.

N.° 324.

N.° 245.   2.P. 9.L.   1.P. 11.L.

N.° 468.

5.P.   3.P. 6.L.   N.° 642.

N.° 640.   6.P. 4.L.   3.P. 8.L.

4.P. 6.L.   8.P.

5.P. 7.L.   3.P. 9.L.   N.° 420.

N.° 636.   5.P. 10.L.   4.P. 2.L.

3.P. 8.L.   5.P.   N.° 226.

N.° 65.

3.P. 8.L.   7.P. 2.L.

N.° 243.   2.P. 9.L.   3.P. 10.L.

N.° 191.

2.P. 3.L.   3.P. 9.L.

2.P. 5.L.   3.P. 3.L.   N.° 244.

Nº.670.

Nº.295.

Nº.55.

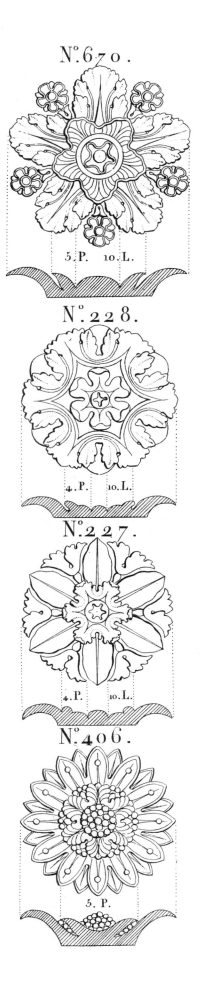

3.P.   6.L.

5.P.   10.L.

3.P.   9.L.

Nº.7.

Nº.228.

Nº.6.

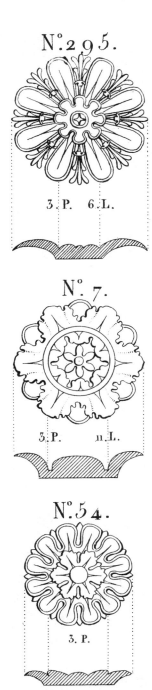

3.P.   11.L.

4.P.   10.L.

3.P.   11.L.

Nº.54.

Nº.227.

Nº.188.

3.P.

4.P.   10.L.

2.P.   10.L.

Nº.320.

Nº.406.

Nº.296.

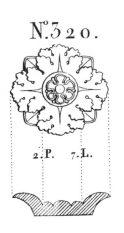

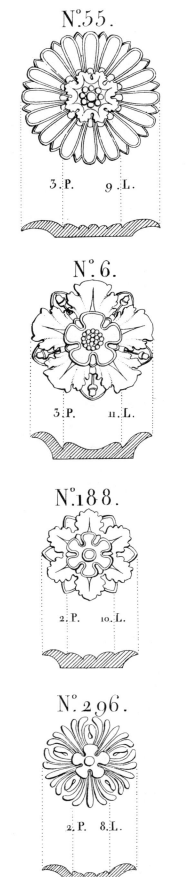

2.P.   7.L.

5.P.

2.P.   8.L.

Pl. 51.

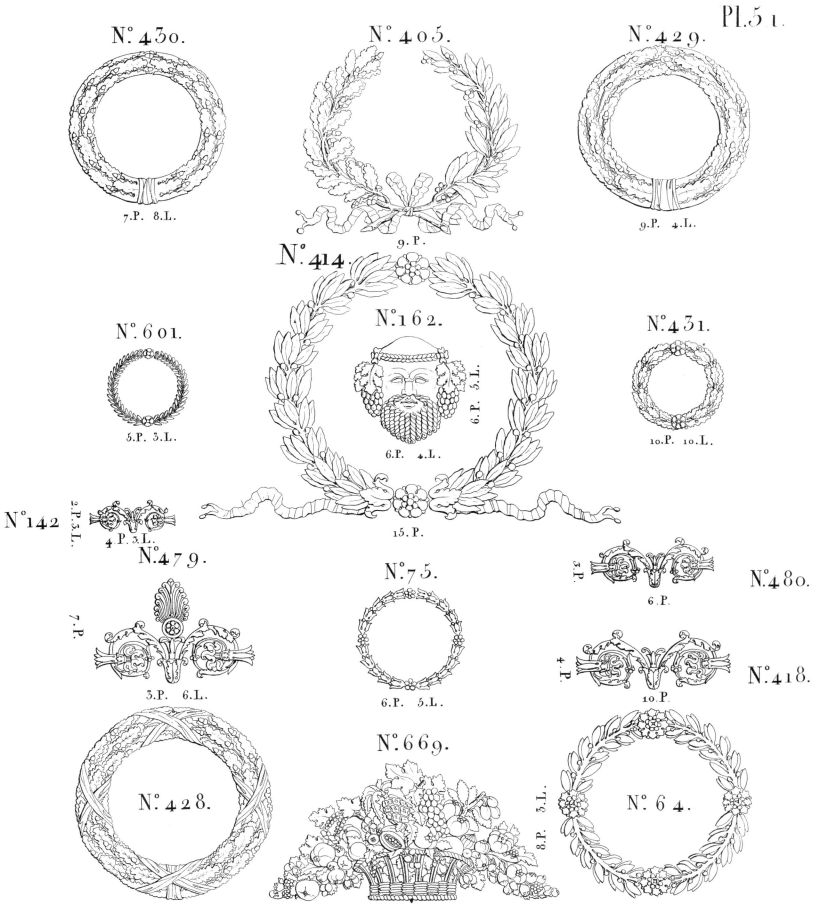

N.º 430.

7.P. 8.L.

N.º 405.

9.P.

N.º 429.

9.P. 4.L.

N.º 414.

N.º 601.

5.P. 3.L.

N.º 162.

6.P. 5.L.

6.P. 4.L.

N.º 431.

10.P. 10.L.

N.º 142

2.P.3.L.

4.P.3.L.

15.P.

N.º 479.

7.P.

3.P. 6.L.

N.º 75.

6.P. 5.L.

3.P.

6.P.

N.º 480.

4.P.

10.P.

N.º 418.

N.º 428.

11.P. 6.L.

N.º 669.

8.P. 3.L.

17.P.

N.º 64.

11.P. 4.L.

No. 657.

No. 473.

No. 656.

Pl. 52.

No. 475.

1.P. 6.L.

9.P. 4.L.

2.P. 4.L.

1.P. 7.L.

8.P. 4.L.

2.P. 2.L.

No. 37.

No. 71.

No. 136.

No. 140.

4.P.

2.P.4.L.

2.P. 3.L.

1.P. 9.L.

No. 386.

No. 658.

No. 344.

No. 349.

13.P. 2.L.

3.P. 8.L.

8.P. 6.L.

4.P.

2.P. 6.L.

3.P.

4.P.

N.º 701.   N.º 706.

N.º 705.   N.º 702.

N.º 703.   N.º 704

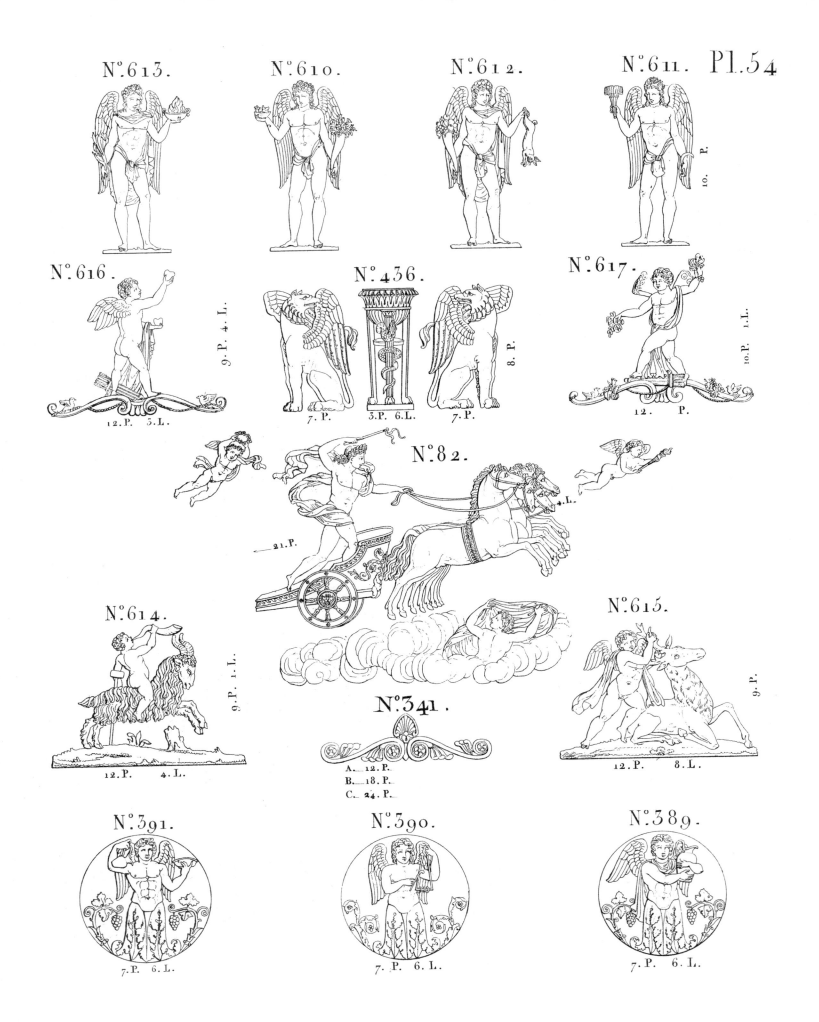

Nº 613.   Nº 610.   Nº 612.   Nº 611.   Pl. 54

10. P.

Nº 616.   Nº 436.   Nº 617.

9. P. 4. L.   8. P.   10. P. 1. L.

12. P.   5. L.   7. P.   3. P.   6. L.   7. P.   12.   P.

Nº 82.

21. P.   4. L.

Nº 614.   Nº 615.

9. P. 1. L.   9. P.

Nº 341.

12. P.   4. L.   A.___12. P.   12. P.   8. L.
B.___18. P.
C.___24. P.

Nº 391.   Nº 390.   Nº 389.

7. P.   6. L.   7. P.   6. L.   7. P.   6. L.

N.° 94.

Pl.55.

N.° 686.

N.° 685.

N.° 687.

N.° 434.

N.° 435.

N.° 95.

N.° 149.

20. POUCES

15. POUCES 6.L.

15. POUCES 3.L.

14. POUCES 6.L.

17. POUCES 4.L.

17. POUCES 4.L.

22. POUCES

Pl.56

Nº. 387.

34. POUCES

Nº. 483.

41. POUCES

Nº. 495.

34. POUCES

Nº. 667.

25. POUCES

Nº. 323.

35. POUCES

Pl.57.

N.º 731.

46 Pouces.

N.º 732.

46 Pouces.

N.º 733.

46 Pouces.

N.º 734.

46. Pouces

14. Pouces

Pl. 58.

Nº 352.

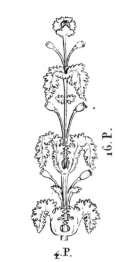

4. P.

Nº 469.

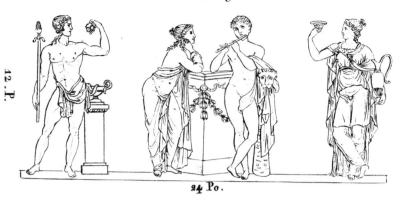

12. P.

24 Po.

Nº 654.

4. P.

Nº 354.

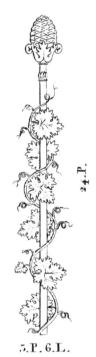

24. P.

5. P. 6. L.

Nº 470.

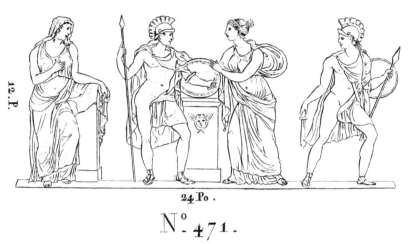

12. P.

24 Po.

Nº 158.

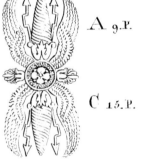

5. P.

Nº 471.

12. P.

24. P.

Nº 596.

A 9. P.

B 12. P.

C 15. P.

Nº 5.

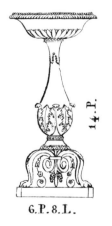

14. P.

6. P. 8. L.

Nº 472.

12. P.

24 Po.

Nº 588.

11. P. 6. L.

5. P. 8. L.

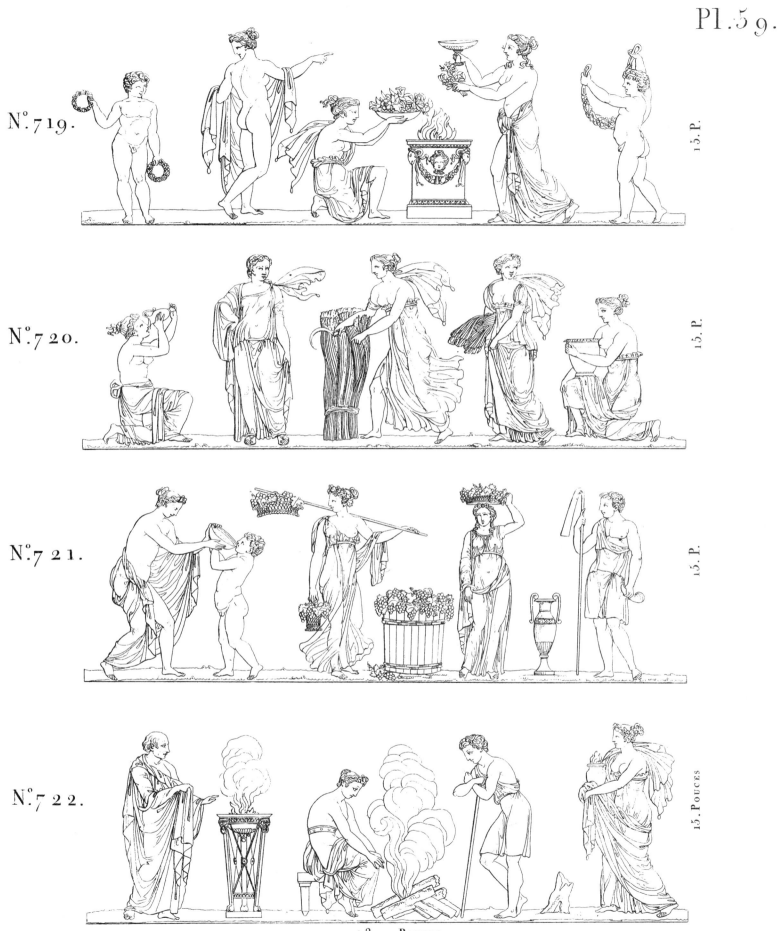

Pl.59.

N.º 719.

N.º 720.

N.º 721.

N.º 722.

15. P.

15. P.

15. P.

15. Pouces

48. Pouces

N.B. Il n'y a pas d'ajustement ou alonge aux vases du milieu des grands sujets B.

A 14 P^ces — B 24 P^ces

N.º 724.   A 48 P. — B 60 P.

A 14 P^ces — B 24 P^ces

N.º 725.   A 48 P. — B 66 P.

A 14 P^ces — B 24 P^ces

N.º 726.   A 48 P. — B 60 P.

A 14 Pou^s — B 24 P^ces

Ces sujets sont de deux grandeurs l'un de 4 Pieds et l'autre de 5 P^ds de large. ——— L'A de 14 Pouces et l'autre de 2 Pieds de haut.

Pl.61.

7 PIEDS

aug.te Montferrand. inv.e et sculp.

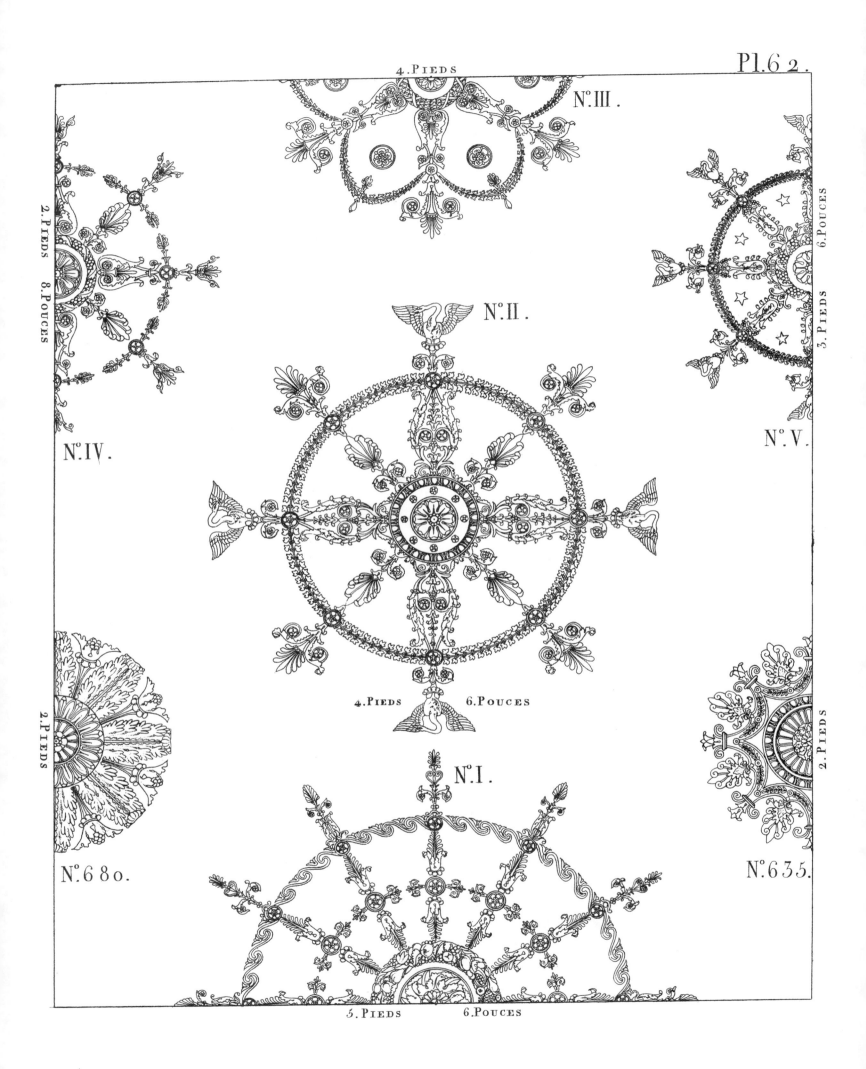

Pl.62.

4.PIEDS

Nº III.

2.PIEDS   8.POUCES

6.POUCES   3.PIEDS

Nº II.

Nº IV.

Nº V.

4.PIEDS   6.POUCES

2.PIEDS

Nº I.

2.PIEDS

Nº 680.

Nº 635.

5.PIEDS   6.POUCES

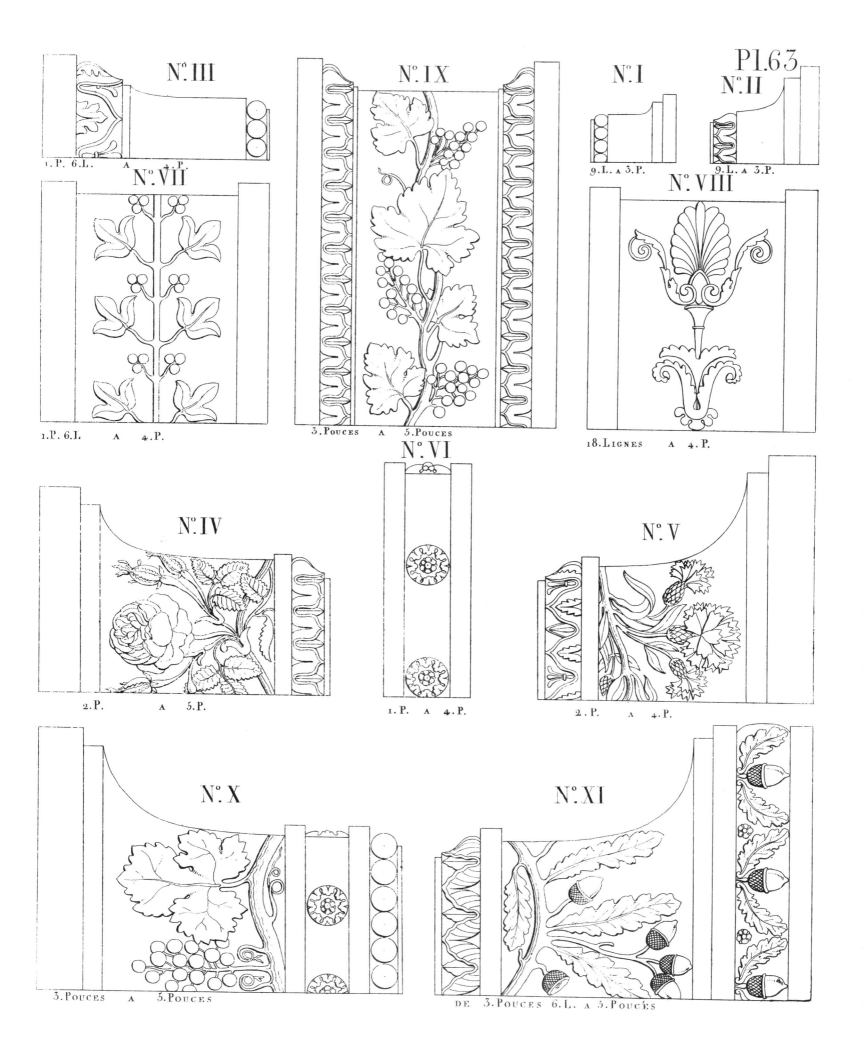

Pl.63

Nᵒ.III

Nᵒ.IX

Nᵒ.I

Nᵒ.II

1.P. 6.L.   A   4.P.

9.L. A 3.P.   9.L. A 3.P.

Nᵒ.VII

Nᵒ. VIII

1.P. 6.L.   A   4.P.

3. Pouces   A   5. Pouces

18. Lignes   A   4. P.

Nᵒ.VI

Nᵒ.IV

Nᵒ. V

2.P.   A   5.P.

1.P.   A   4.P.

2. P.   A   4.P.

Nᵒ. X

Nᵒ. XI

3. Pouces   A   5. Pouces

DE 3. Pouces 6.L. A 5. Pouces

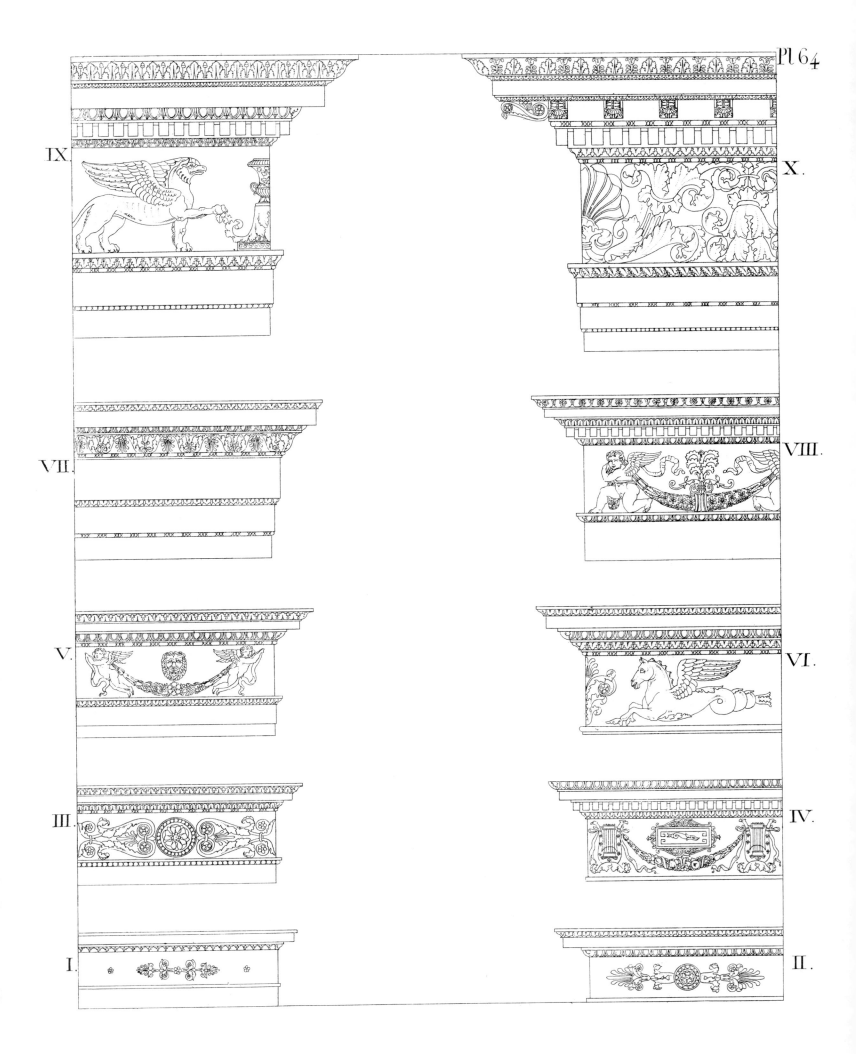

Pl 64

IX.

X.

VII.

VIII.

V.

VI.

III.

IV.

I.

II.

Pl. 65.

N.º I.

N.º II.

N.º III.

N.º IV.

Pl_66.

ALCOVES

PL.67.

SALLE   A MANGER

PLAN DE LA SALLE A MANGER CY DESSUS.

HYGÉE

Pl.68.

GRAND

SALLON

PLAN DU SALLON CY DESSUS.

Pl.69.

SALLON

PETIT

CY·DESSUS·

PLAN DU SALLON

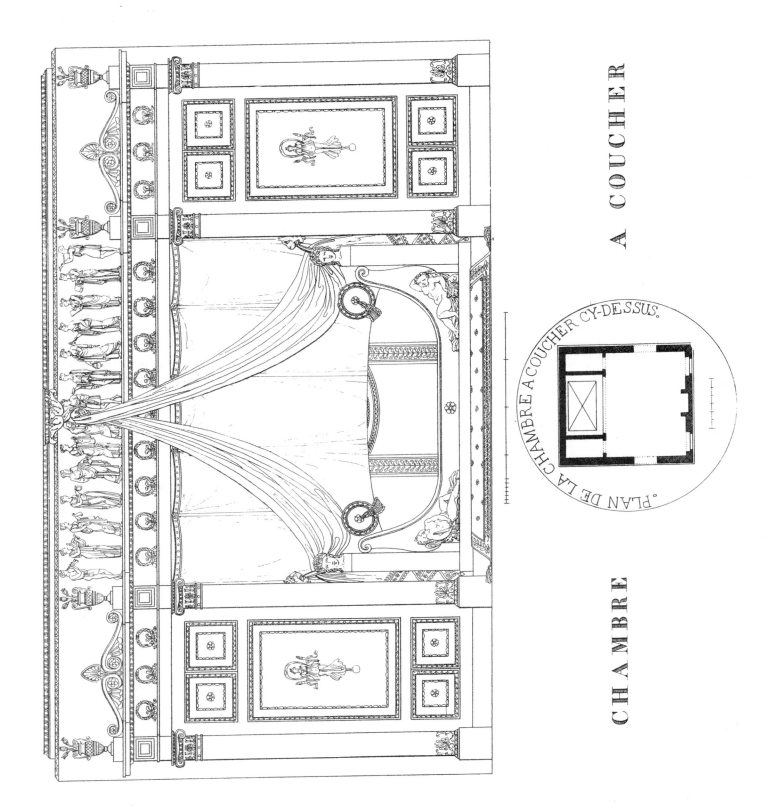

CHAMBRE A COUCHER

PLAN DE LA CHAMBRE A COUCHER CY-DESSUS.

Pl. 71.

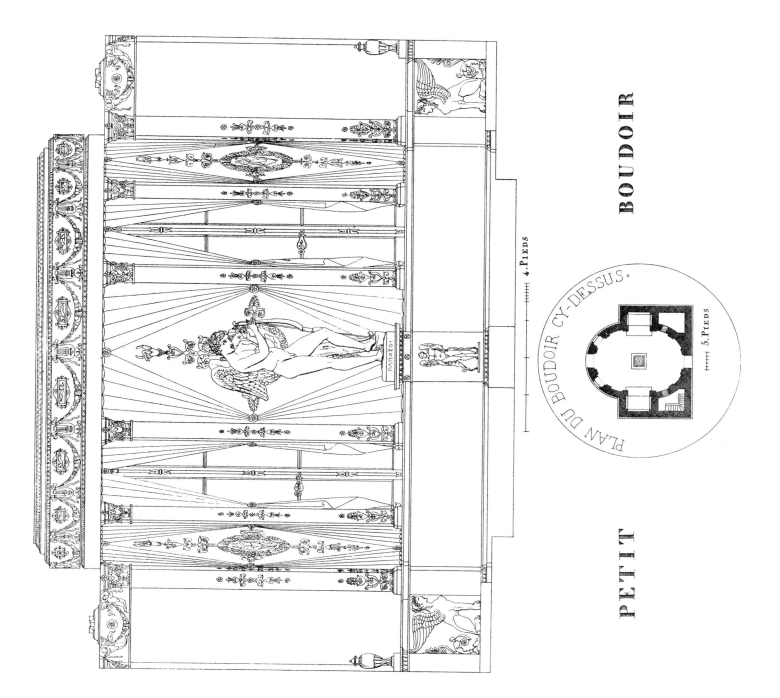

BOUDOIR

PETIT

PLAN DU BOUDOIR CY-DESSUS.

4.Pieds

5.Pieds

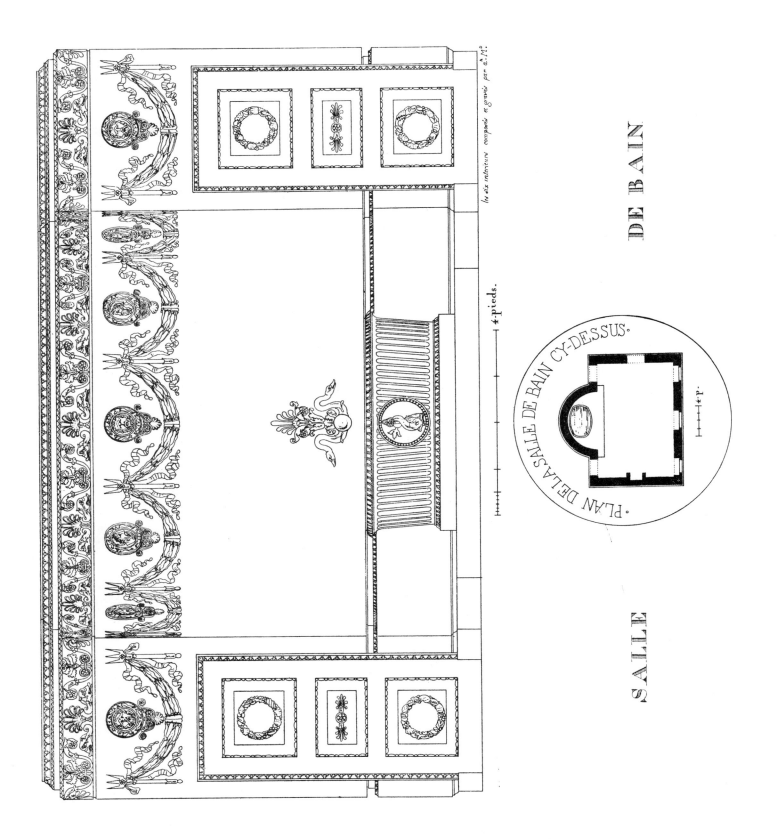

Pl. 72.

SALLE

DE BAIN

PLAN DE LA SALLE DE BAIN CY-DESSUS.

4 pieds.

Pl. 73.

N°. 56.

N°. 4.

N°. 708.

3 P. 2 L.

3 P. 7 L.

2 P.

4 P.

4 P. 4 L.

3 P. 8 L.

N°. 663.

N°. 665.

N°. 664.

2 P.

1 P. 6 L.

1 P. 7 L.

4 P. 4 L.

5 P. 6 L.

5 P. 8 L.

Pl. 74.

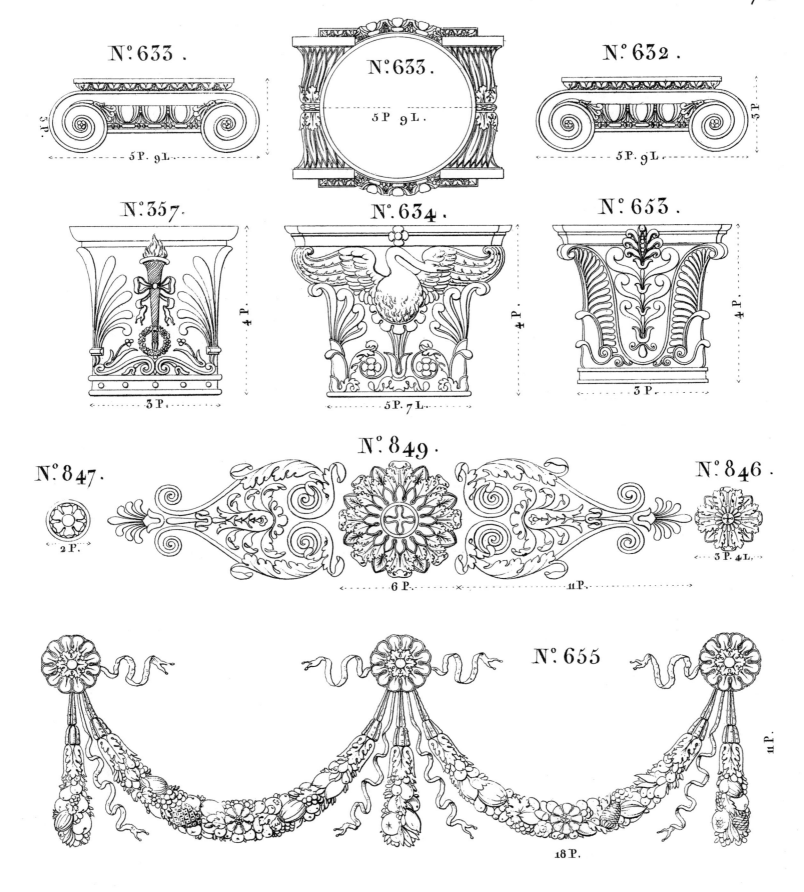

N.º 633.

N.º 633.

5 P. 9 L.

N.º 632.

5 P. 9 L.

5 P. 9 L.

N.º 357.

N.º 634.

N.º 653.

N.º 847.

N.º 849.

N.º 846.

2 P.

6 P.

11 P.

3 P. 4 L.

N.º 655

18 P.

Pl. 75

N.° 578.

19 L.

N.° 17.

20 L.

N.° 564.

A 19 L.
B 21 L.

N.° 18.

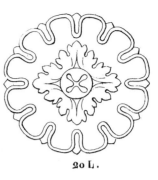

20 L.

N.° 579.

19 L.

N.° 580.

20 L.

N.° 581.

18 L.

N.° 566.

16 L.

N.° 303.

13 L.

N.° 318.

15 L.

N.° 319.

15 L.

N.° 569.

15 L.

N.° 582.

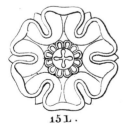

15 L.

N.° 567.

A 11 L.
B 13 L.

N.° 568.

A 9 L.
B 11 L.

N.° 570.

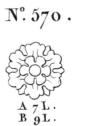

A 7 L.
B 9 L.

N.° 571.

A 6 L.
B 7 L.

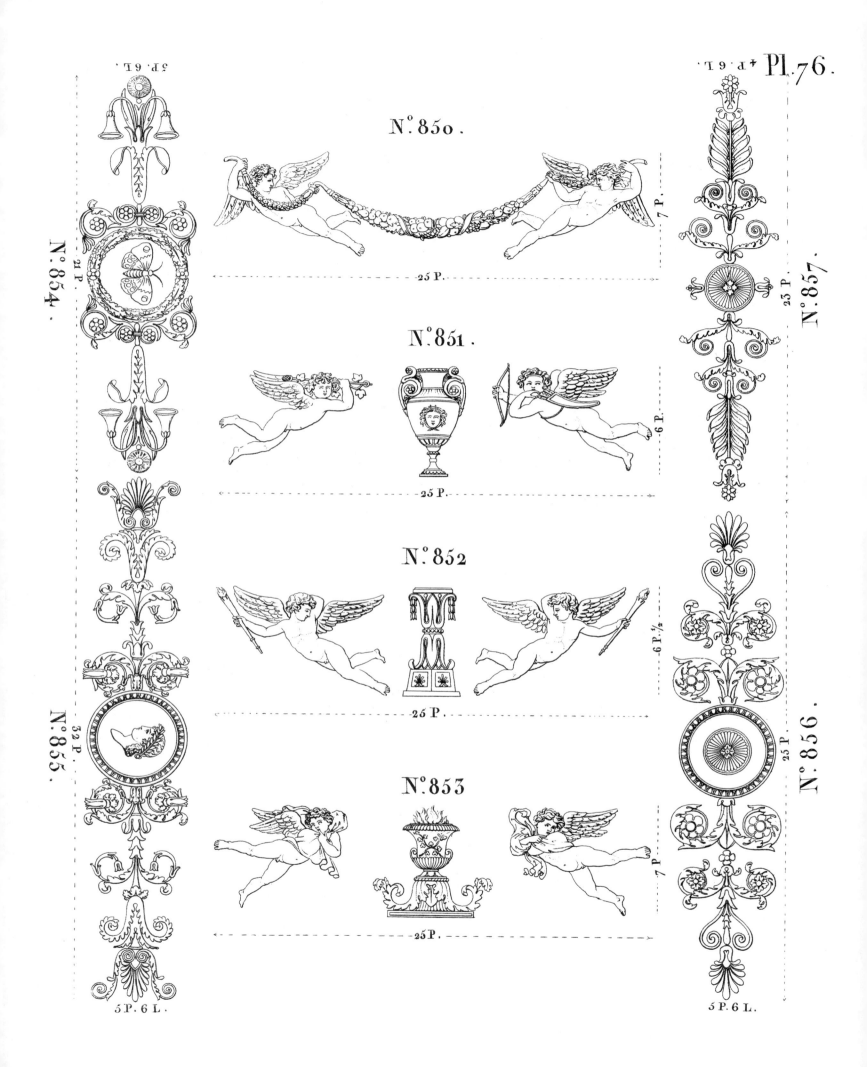

Pl. 76.

3 P. 6 L.

4 P. 6 L.

N°. 850.

25 P.

7 P.

N°. 851.

25 P.

6 P.

N°. 852.

25 P.

6 P. ½

N°. 853.

25 P.

7 P.

N°. 854.

21 P.

N°. 855.

32 P.

5 P. 6 L.

N°. 857.

23 P.

N°. 856.

23 P.

5 P. 6 L.

Pl. 77.

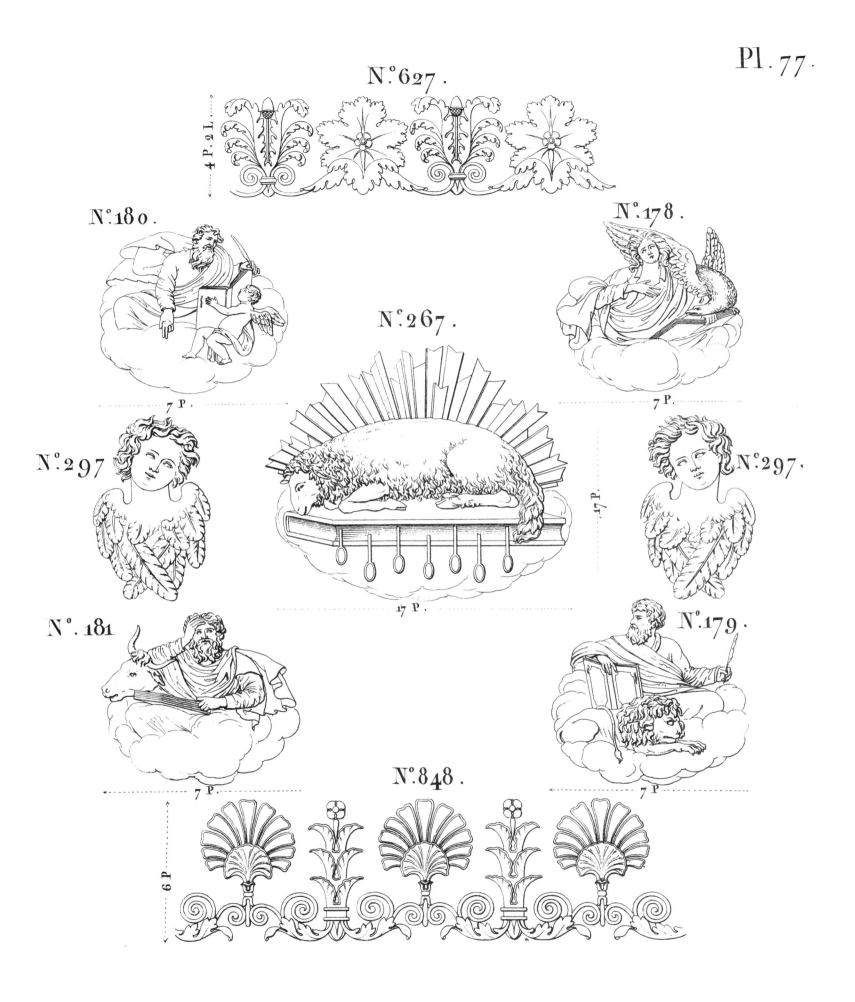

N.º 627.

4 P. 2 L.

N.º 180.

N.º 178.

N.º 267.

7 P.

7 P.

N.º 297.

N.º 297.

17 P.

17 P.

N.º 181.

N.º 179.

7 P.

7 P.

N.º 848.

6 P.

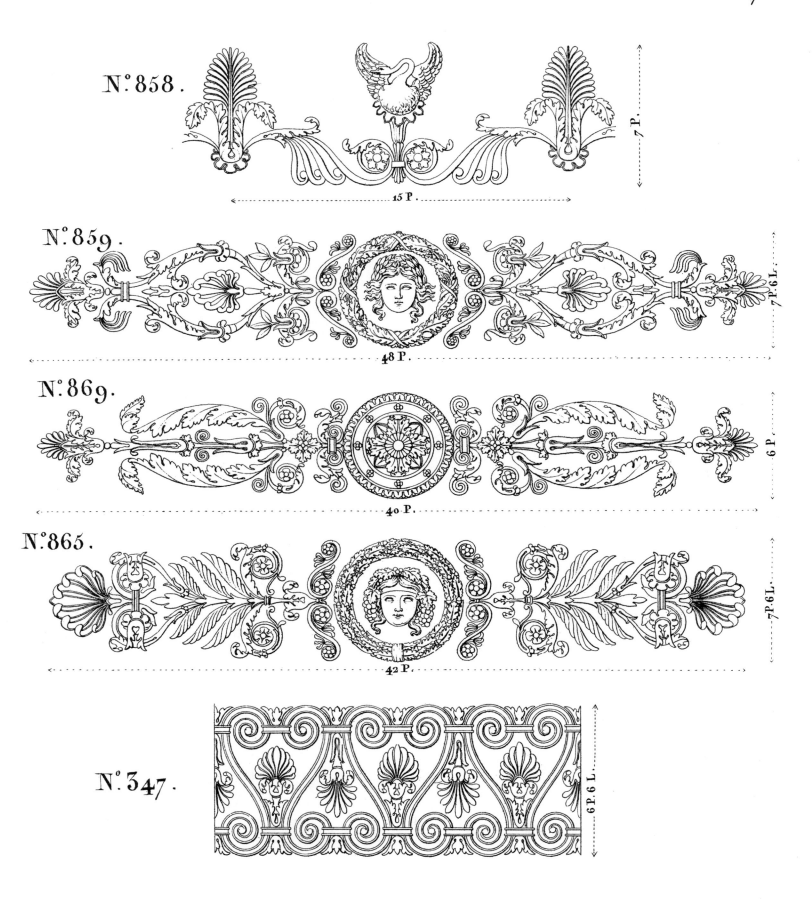

Pl. 78.

N.º 858.

7 P.

15 P.

N.º 859.

7 P. 6 L.

48 P.

N.º 869.

6 P.

40 P.

N.º 865.

7 P. 6 L.

42 P.

N.º 347.

6 P. 6 L.

Pl. 79.

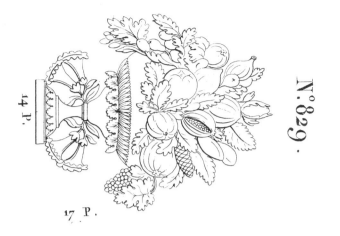

N.º 829.

14 P.

17 P.

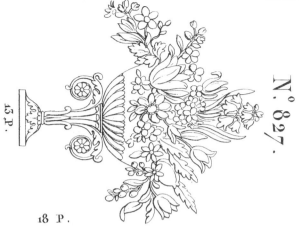

N.º 827.

15 P.

18 P.

N.º 759.

2 Pieds.

19 P.

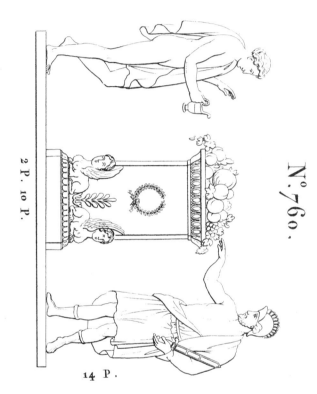

N.º 760.

2 P. 10 P.

14 P.

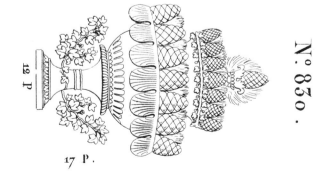

N.º 830.

12 P

17 P.

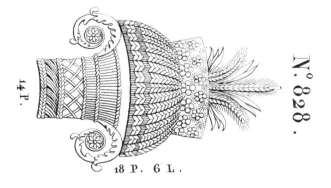

N.º 828.

14 P.

18 P. 6 L.

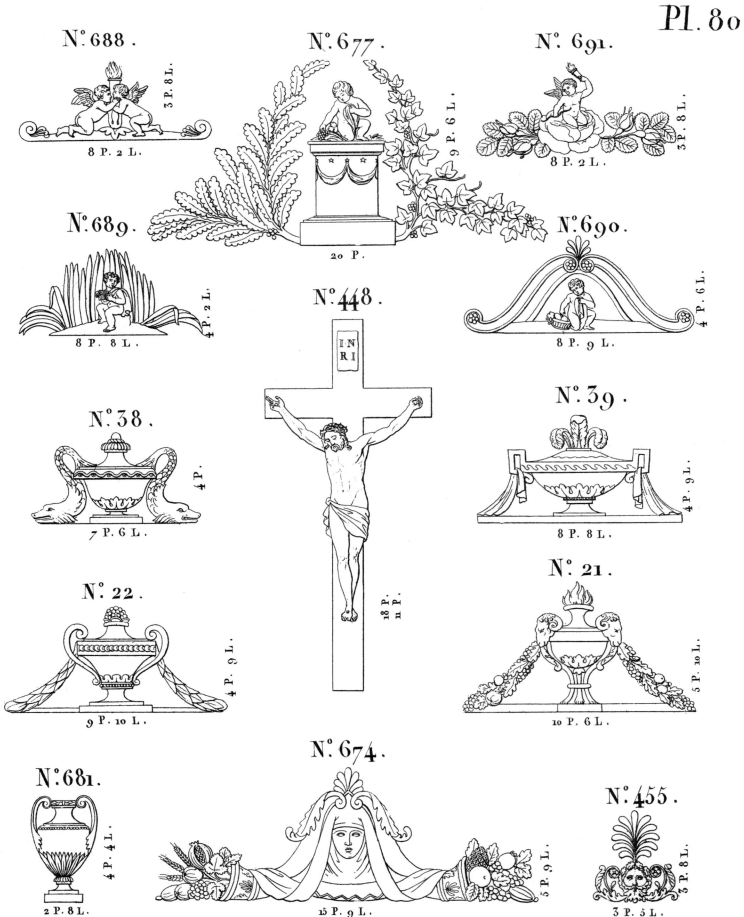

Pl. 80

Nº 688.

3 P. 8 L.

8 P. 2 L.

Nº 677.

9 P. 6 L.

20 P.

Nº 691.

3 P. 8 L.

8 P. 2 L.

Nº 689.

4 P. 2 L.

8 P. 8 L.

Nº 448.

INRI

18 P.
11 P.

Nº 690.

4 P. 6 L.

8 P. 9 L.

Nº 38.

4 P.

7 P. 6 L.

Nº 39.

4 P. 9 L.

8 P. 8 L.

Nº 22.

4 P. 9 L.

9 P. 10 L.

Nº 21.

5 P. 10 L.

10 P. 6 L.

Nº 681.

4 P. 4 L.

2 P. 8 L.

Nº 674.

5 P. 9 L.

15 P. 9 L.

Nº 455.

3 P. 8 L.

3 P. 5 L.

Pl. 81

Nº 13.
2 P. 10 L.
5 P. 3 L.

Nº 643.
4 P. 1 L.
5 P. 4 L.

Nº 644.
4 P. 3 L.
5 P. 5 L.

Nº 40.
2 P. 6 L.
5 P. 3 L.

Nº 457.
1 P. 4 L.
1 P. 7 L.

Nº 493.
2 P. 8 L.
6 L.

Nº 693.
4 P. 5 L.
4 P.

Nº 694.
4 P. 5 L.
4 L.

Nº 494.
2 P. 8 L.
6 P.

Nº 112.
1 P.
1 P. 6 L.

Nº 618.
A. 3 P. 10 L.
B. 5. 8.
C. 8.
A. 2 P. 8 L.
B. 3. 6.
C. 4. 6.

Nº 112.
1 P. 2 L.
1 P. 6 L.

Nº 458.
2 P. 2 L.
4 P.

Nº 12.
1 P. 10 L.
3 P. 8 L.

Nº 585.
3 P. 2 L.

Nº 584.
3 P. 5 L.

Nº 692.
4 P.
5 P.

Nº 451.
2 P. 3 L.
3 P. 8 L.

Nº 23.
2 P. 8 L.
2 P. 8 L.

Nº 14.
1 P. 8 L.
2 P. 8 L.

Nº 695.
4 P. 6 L.
4 P.

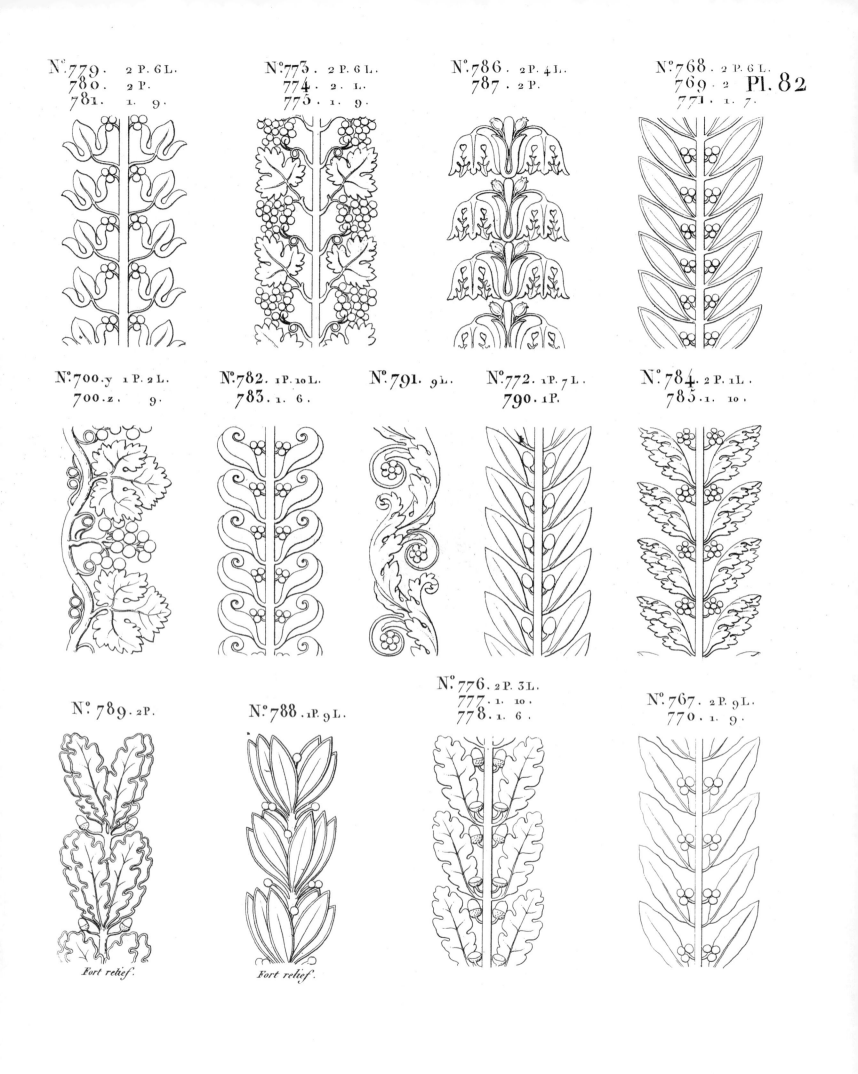

Nᵒ 779. 2 P. 6 L.
780. 2 P.
781. 1. 9.

Nᵒ 773. 2 P. 6 L.
774. 2. L.
775. 1. 9.

Nᵒ 786. 2 P. 4 L.
787. 2 P.

Nᵒ 768. 2 P. 6 L.
769. 2
771. 1. 7.

Pl. 82

Nᵒ 700. y 1 P. 2 L.
700. z. 9.

Nᵒ 782. 1 P. 10 L.
783. 1. 6.

Nᵒ 791. 9 L.

Nᵒ 772. 1 P. 7 L.
790. 1 P.

Nᵒ 784. 2 P. 1 L.
785. 1. 10.

Nᵒ 789. 2 P.

Nᵒ 788. 1 P. 9 L.

Nᵒ 776. 2 P. 3 L.
777. 1. 10.
778. 1. 6.

Nᵒ 767. 2 P. 9 L.
770. 1. 9.

Fort relief.

Fort relief.

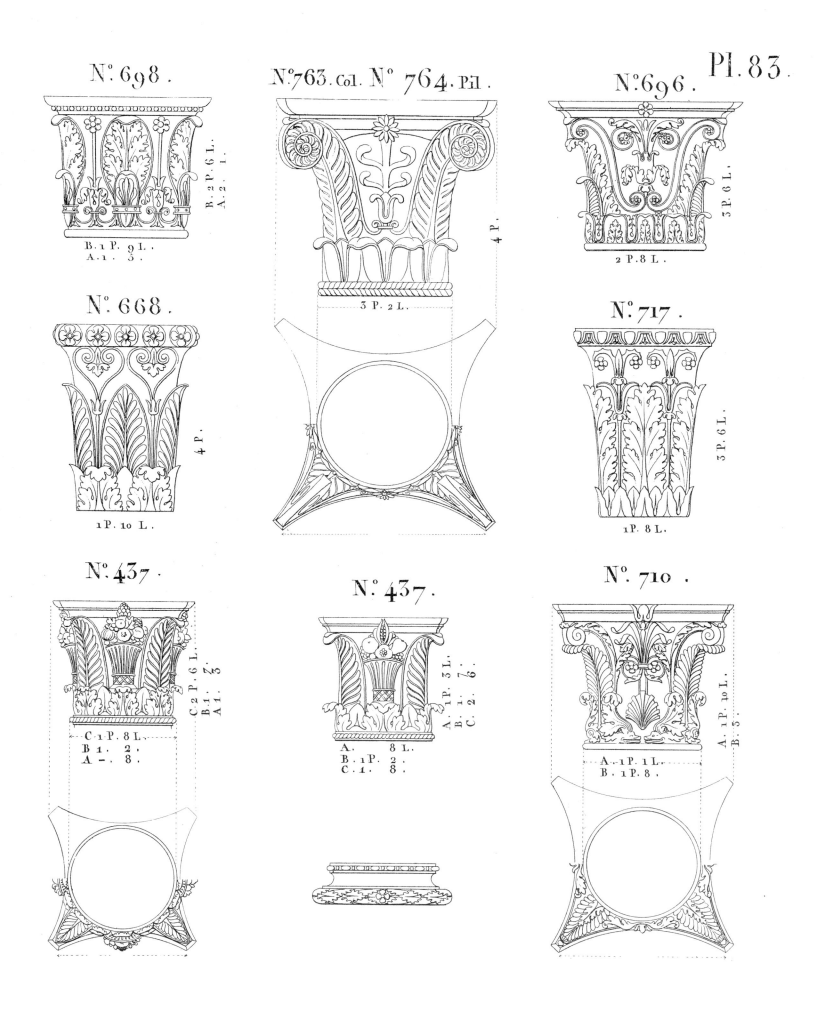

N° 698.

N° 763. Col. N° 764. Pil.

Pl. 83.

N° 696.

B. 2 P. 6 L.
A. 2 . 1 .

B. 1 P. 9 L.
A. 1 . 3 .

4 P.

3 P. 2 L.

3 P. 6 L.

2 P. 8 L.

N° 668.

N° 717.

4 P.

3 P. 6 L.

1 P. 10 L.

1 P. 8 L.

N° 437.

N° 437.

N° 710.

C. 2 P. 6 L.
B. 1 . 3 .
A. 1 . 3 .

A. 1 P. 3 L.
B. 1 . 2 .
C. 2 . 6 .

A. 1 P. 10 L.
B. 5 .

C. 1 P. 8 L.
B. 1 . 2 .
A. — . 8 .

A. 8 L.
B. 1 P. 2 .
C. 1 . 8 .

A. 1 P. 1 L.
B. 1 P. 8 .

Pl. 84.

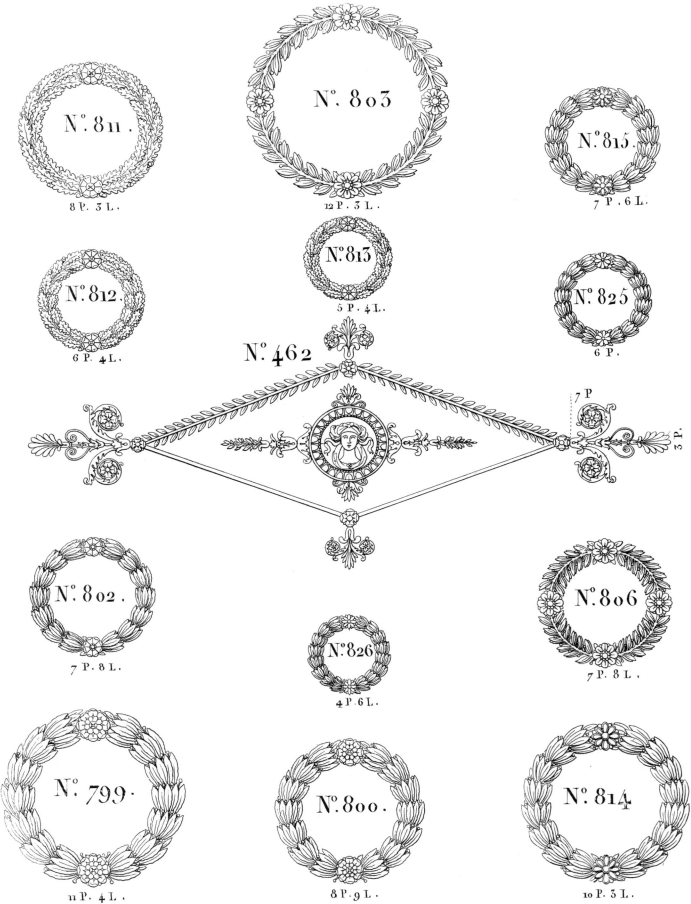

N.º 811.
8 P. 3 L.

N.º 803.
12 P. 3 L.

N.º 815.
7 P. 6 L.

N.º 812.
6 P. 4 L.

N.º 813.
5 P. 4 L.

N.º 825.
6 P.

N.º 462.
7 P
3 P.

N.º 802.
7 P. 8 L.

N.º 826.
4 P. 6 L.

N.º 806.
7 P. 8 L.

N.º 799.
11 P. 4 L.

N.º 800.
8 P. 9 L.

N.º 814.
10 P. 3 L.

N.º 817.

N.º 816.

Pl. 85

N.º 818

3 P. 5 L.

5 P. 7 L.

4 P. 8 L.

3 P. 10 L.

4 P. 1 L.

3 P. 3 L.

N.º 763 à Col.

N.º 762 à Pil.

N.º 792.

N.º 793.

32 P.

15 P

27 P.

10 P.

8 P.

6 P. 8 L.

N.º 821. Col.
822. Pil.

N.º 351.

N.º 819. Col.
820. Pil.

5 P. 6 L.

6 P.

4 P. 1 L.

2 P. 5 L.

4 P. 5 L.

2 P. 11 L.

Pl. 86.

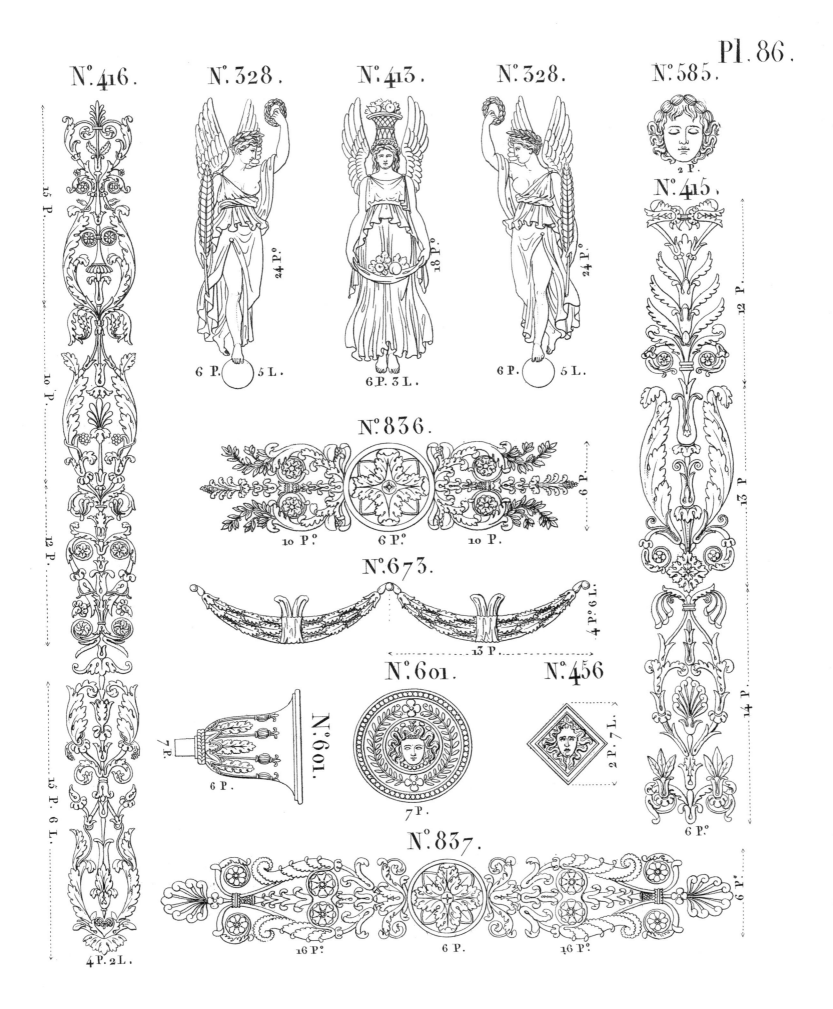

Nº 416. Nº 328. Nº 413. Nº 328. Nº 585.

Nº 415.

Nº 836.

Nº 673.

Nº 601. Nº 456.

Nº 837.

Nᵒ 882.

4 P. 6 L.

30 P.

Nᵒ 873.

Nᵒ 875.

2 P. 6 L.

B. 2 P. 8 L.

A. 2 P.

10 P. 6 L.

A. 11 P. 6 L.   B. 14 P. 6 L.

Nᵒ 878.

Nᵒ 877.

2 P.

3 P.

18 P.

16 P.

Nᵒ 776

Nᵒ 876.

1 P. 4 L.

3 P.

12 P.

15 P. 4 L.

Nᵒ 864.

Nᵒ 866

3 P. 3 L.

B. 5 P.

A. 4 P.

16 P.

A. 12 P. 6 L.   B. 15 P. 6 L.

Nᵒ 874.

Nᵒ 880.

3 P.

3 P.

13 P.

16 P. 6 L.

Nᵒ 863.

B. 4 P. 6 L.

A. 5 P. 9 L.

A. 25 P. 6 L.

B. 36 P.

Pl. 88

N.º 845.

N.º 917.

N.º 844.

7 P.

7 P.

7 P.

11 P. 6 L.

14 P.

11 P. 6 L.

N.º 867.

N.º 842.

N.º 868.

8 P.

8 P.

8 P.

16. P. 6 L.

8 P.

16 P. 6 L.

N.º 860.

N.º 861.

N.º 870.

7 P. 8 L.

7 P.

7 P. 6 L.

12 P. 6 L.

10 P.

12 P. 6 L.

N.º 897.

N.º 899.

N.º 898.

12 P. 6 L.

12 P. 6 L.

12 P. 6 L.

13 P. 6 L.

17 P.

12 P.

Pl.89.

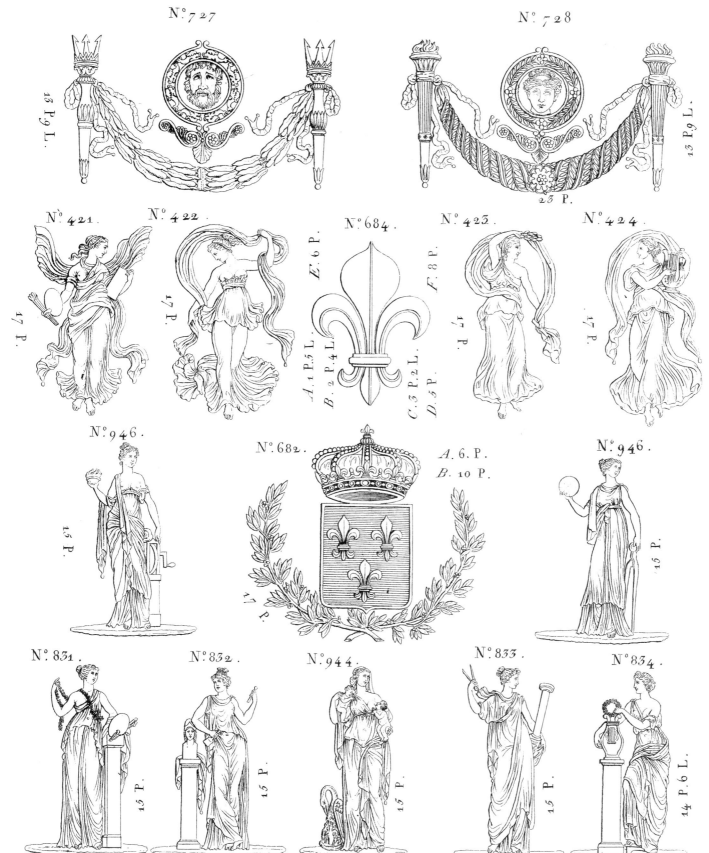

N.° 727

N.° 728

13 P. 9 L.

13 P. 9 L.

23 P.

N.° 421.   N.° 422.   N.° 684.   N.° 423.   N.° 424.

E. 6 P.   F. 8 P.

17 P.   17 P.   A. 1 P. 5 L.   17 P.   17 P.

B. 2 P. 4 L.

C. 3 P. 2 L.

D. 5 P.

N.° 946.   N.° 682.   N.° 946.

A. 6 P.

B. 10 P.

15 P.   17 P.   15 P.

N.° 831.   N.° 832.   N.° 944.   N.° 833.   N.° 834.

15 P.   15 P.   15 P.   15 P.   14 P. 6 L.

N.º 930.
7 P.

7 P. 8 L.

N.º 452.
3 P. 3 L.

N.º 930.
7 P.

N.º 886.

N.º 923.
2 P. 9 L.

Pl. 90

N.º 887.

14 P.

7 P.

17 P. 3 L.

N.º 891.

7 P.

N.º 884.

14 P.

6 P.

N.º 891.

8 P.

N.º 885.

N.º 890.
9 P. 3 L.

7 P. 9 L.

N.º 931.

8 P.

6 P. 6 L.

N.º 890.

9 P. 8 L.

7 P. 9 L.

15 P.

8 P.

N.º 918.

21 P.

N.º 889.

12 P.

6 P. 6 L.

6 P.

N.º 892.

21......P.

10 P. 6 L.

8 P.

10 P.

N.º 888.

14 P.

7 P. 5 L.

N.º 918.

21 P.

7 P.

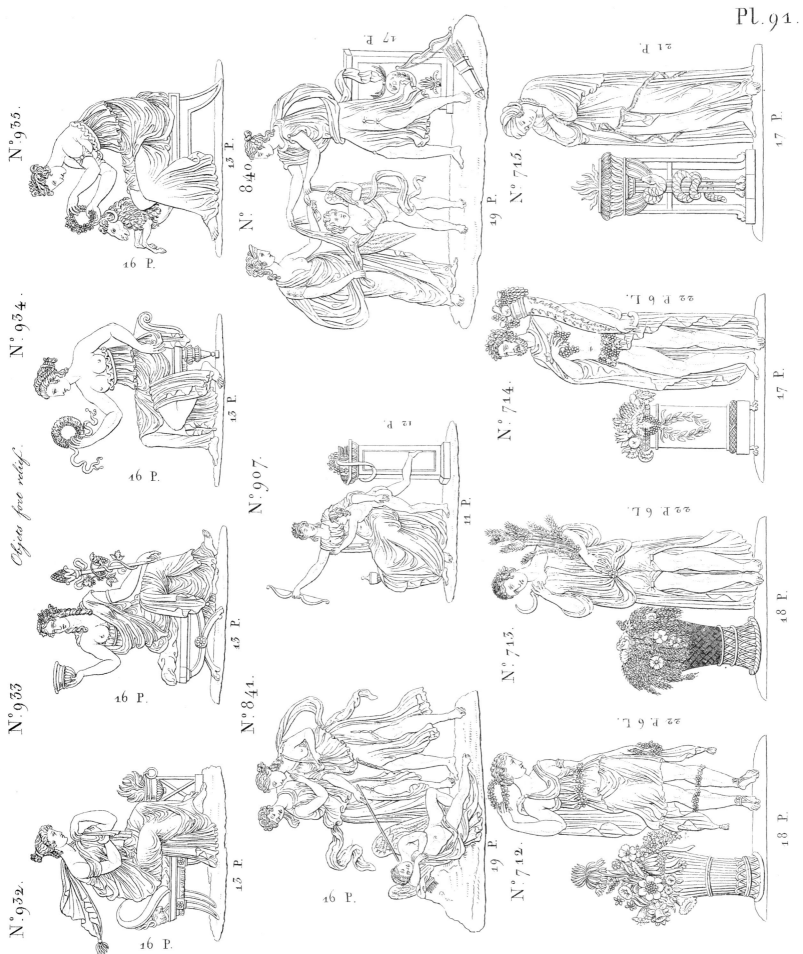

Pl. 91.

N°. 935.
16 P.
13 P.

N°. 934.
16 P.
13 P.

Objets fort relief.

N°. 933
16 P.
13 P.

N°. 932.
16 P.
13 P.

N°. 840.
17 P.

N°. 907.
12 P.
11 P.

N°. 841.
16 P.
13 P.

N°. 715.
21 P.
17 P.

N°. 714.
22 P. 6 L.
17 P.

N°. 713.
22 P. 6 L.
18 P.

N°. 712.
22 P. 6 L.
18 P.
19 P.
19 P.

Pl 92.

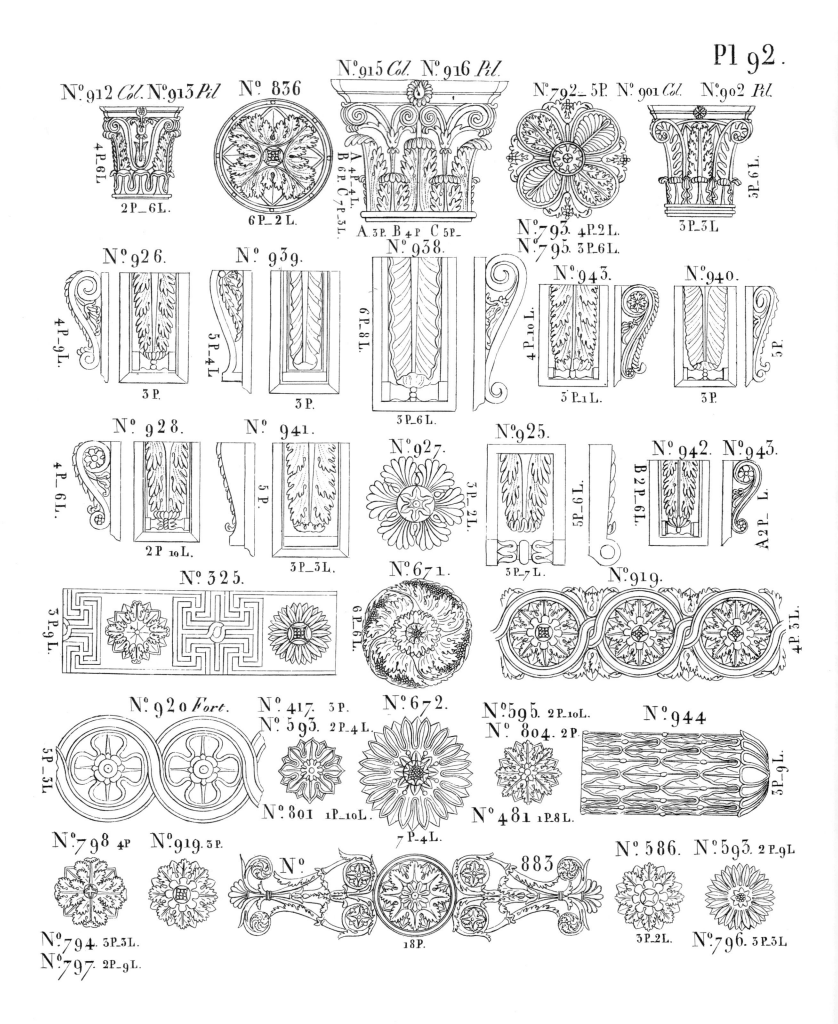

Nº 912 *Col.* Nº 913 *Pil*
Nº 836
Nº 915 *Col.* Nº 916 *Pil.*
Nº 792 _ 5 P. Nº 901 *Col.* Nº 902 *Pil*

4 P. 6 L.
2 P _ 6 L.
6 P _ 2 L.
A 4 P _ 4 L.
B 6 P. C 7 P _ 3 L.
A. 3 P. B 4 P C 5 P _
3 P. 6 L.
3 P _ 3 L

Nº 793. 4 P. 2 L.
Nº 795. 3 P. 6 L.

Nº 926.
Nº 939.
Nº 938.
Nº 943.
Nº 940.

4 P. 9 L.
5 P. 4 L.
6 P. 8 L.
4 P. 10 L.
5 P.
3 P.
3 P.
3 P. 6 L.
5 P. 1 L.
3 P.

Nº 928.
Nº 941.
Nº 927.
Nº 925.
Nº 942. Nº 943.

4 P. 6 L.
5 P.
3 P _ 2 L.
5 P. 6 L.
B 2 P. 6 L.
A 2 P _ L.
2 P. 10 L.
3 P. 3 L.
3 P _ 7 L.

Nº 325.
Nº 671.
Nº 919.

3 P. 9 L.
6 P. 6 L.
4 P. 3 L.

Nº 920 *Fort.*
Nº 417. 3 P.
Nº 593. 2 P. 4 L.
Nº 672.
Nº 595. 2 P. 10 L.
Nº 804. 2 P.
Nº 944

5 P. 3 L.
Nº 801 1 P. 10 L.
Nº 481 1 P. 8 L.
7 P. 4 L.
3 P. 9 L.

Nº 798 4 P.
Nº 919. 3 P.
Nº
883
Nº 586. Nº 593. 2 P. 9 L.

18 P.
3 P. 2 L.
Nº 794. 3 P. 3 L.
Nº 797. 2 P. 9 L.
Nº 796. 3 P. 3 L

Pl. 93.

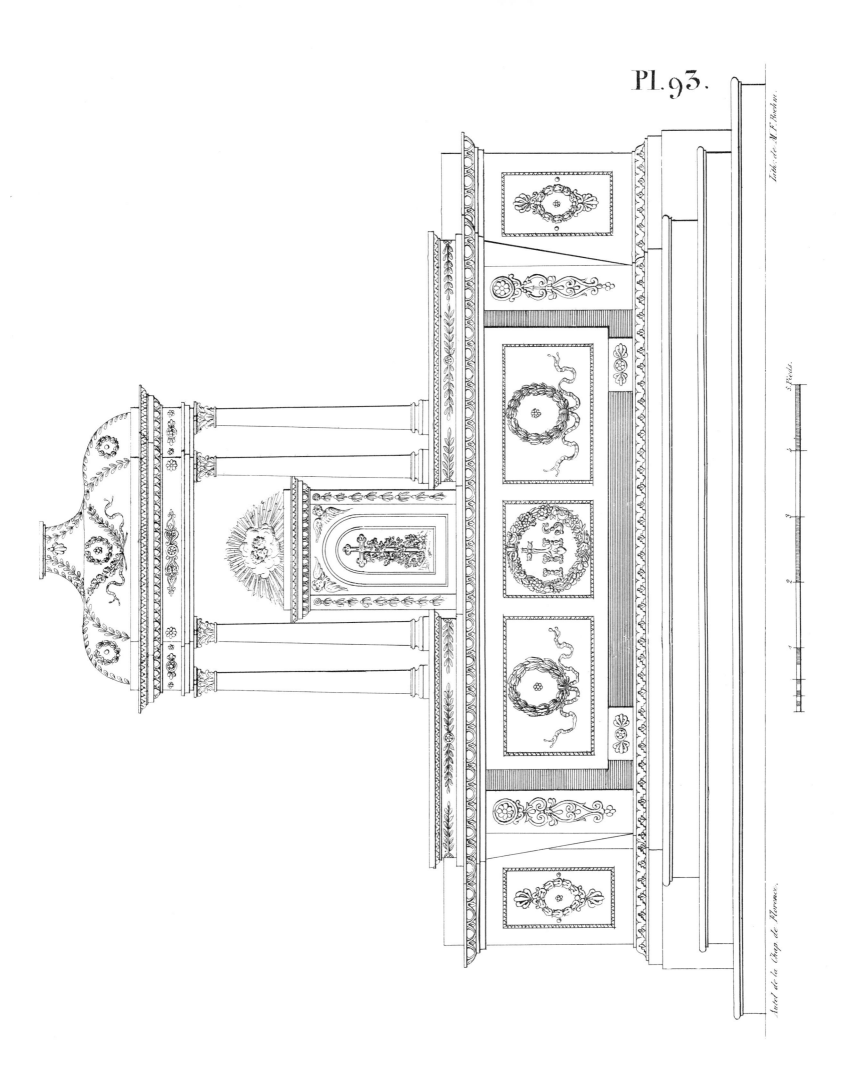

Lith. de M.F. Roehn.

Autel de la Chap. de Florence.

Pl. 94.

N.º 810.

N.º 957.

N.º 809.

1 P. 7 L.

1 P. 7 L.

1 P. 7 L.

7 L.

1 P. 7 L.

1 P. 7 L.

N.º 171.

N.º 171.

2 P. 6 L.

2 P. 6 L.

5 P. 6 L.

5 P. 5 L.

N.º 881.

N.º 976.

N.º 952.

2 P. 6 L.

3 P. 7 L.

3 P. 9 L.

2 P. 6 L.

3 P. 9 L.

5 P.   6 L.

N.º 921.

N.º 246.   4 P. 5 L.

N.º 921.

247.   3 P. 2 L.

6 P. 5 L.

2 P. 7 L.
1 P. 5 L.

6 P. 5 L.

3 P. 11 L.

3 P. 11 L.

N.º 805.

N.º 488.

N.º 476.

807.

1 P. 10 L.

1 P. 11 L.

1 P. 10 L.

1 P. 10 L.
1 P. 5 L.

Gravé par F. Simon.

J. J. Heiligenthal Fab.t de Décors à Strasbourg

Pl. 95.

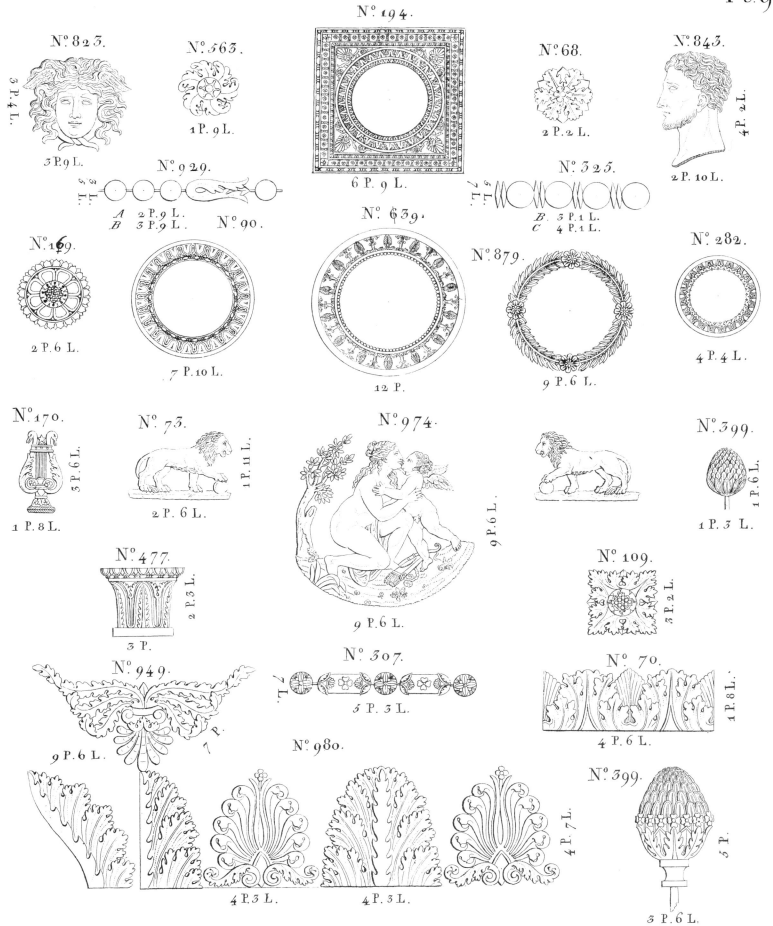

Nº 823.
3 P. 4 L.
3 P. 9 L.

Nº 563.
1 P. 9 L.

Nº 194.
6 P. 9 L.

Nº 68.
2 P. 2 L.

Nº 843.
4 P. 2 L.
2 P. 10 L.

Nº 929.
3 L.
A. 2 P. 9 L.
B. 3 P. 9 L.

Nº 90.

Nº 639.
12 P.

Nº 325.
3 L.
B. 3 P. 1 L.
C. 4 P. 1 L.

Nº 169.
2 P. 6 L.

Nº 879.
9 P. 6 L.

7 P. 10 L.

Nº 282.
4 P. 4 L.

Nº 170.
3 P. 6 L.
1 P. 8 L.

Nº 73.
1 P. 11 L.
2 P. 6 L.

Nº 974.
9 P. 6 L.

9 P. 6 L.

Nº 399.
1 P. 6 L.
1 P. 3 L.

Nº 477.
2 P. 3 L.
3 P.

Nº 109.
3 P. 2 L.

Nº 949.
9 P. 6 L.

Nº 307.
7 L.
5 P. 3 L.

Nº 70.
1 P. 8 L.
4 P. 6 L.

7 P.

Nº 980.

4 P. 3 L.

4 P. 3 L.

4 P. 7 L.

Nº 399.
5 P.
3 P. 6 L.

J. De Haltynthal fab. de décors à Strasbourg, successeur de J. Baumel à Sarrebourg.